U0963970

浙江省“十四五”重点出版物出版规划项目

# 之江院士成长之路

## 求是菁华

丛书主编　徐善衍
执行主编　司马一民

浙江教育出版社·杭州

# 编 委 会

**丛书主编** 徐善衍

**执行主编** 司马一民

**编　　委** 王　旭　王雨琦　王　滢　孙铁方

苏若璇　吴亚骏　吴华阳　吴彩玉

何　华　沈　丹　陈铁昀　倪利红

徐　胜　徐　旗　黄见智　黄敏华

龚　剑　董　文　程宇恒　曾思颖

潘卓盈

# 序

## 走进青葱岁月　启航科学之旅

院士，是我国自然科学和人文社会科学学科的顶尖人才和杰出代表，他们的每一项创新、每一次发现、每一次突破，都推动了我国科技事业的蓬勃发展，他们的卓越成就令世人瞩目。他们矢志科研、报效祖国，凭借深厚的学术造诣和无私的奉献精神，为中华民族伟大复兴作出了卓越贡献，为构建人类命运共同体贡献中国智慧、中国力量。

中国第一台每秒亿次运算速度的巨型并行计算机系统的诞生、东方红一号人造卫星的成功发射、亚洲特色古新世哺乳类动物化石的重大发现……信息技术的革新、生态环境的改善、医疗技术的进步、农业生产率的提升等，无一不深深影响着我们的衣食住行、健康福祉乃至思维方式，成为推动社会进步的内生动力源泉，不断引领人类社会向前迈进。在这些举世瞩目的成就背后，无不留下院士们不懈探索、勇攀科学高峰的坚定身影，他们在人类认知的前沿艰辛探索，深入探究自然与社会的本质和规律。

从青涩少年成长为科学巨匠，一路走来，并不容易，他们遇到过常人难以想象的困难和挫折，也经历过看不清前路的迷茫和彷徨，但他们凭借着开拓者的无畏勇气、探路者的胆识气魄、奋进者的昂扬姿态，克服艰辛，不懈探索，勇攀科学高峰。追溯院士们的成长之路，了解他们一路走来遇到的难题与困惑，领悟其不畏艰难、勇攀高峰的精神，更能够激发我们内心的力量，引领我们在追求真理、实现理想的道路上披荆斩棘、勇往直前。

这些科学巨匠经历了怎样的人生故事，又是如何坚守各自的初心与使命的？浙江教育出版社推出的《之江院士成长之路》，讲述了百位院士的成长奋斗故事，让学生阅读故事，体悟院士初心。

之江，浙江的别称，因钱塘江蜿蜒曲折如“之”字而得名。浙江山川秀美、人文荟萃，特有的地理环境造就了浙江人民自强不息、厚德崇文的气质品格。“浙”里走出多位院士，“浙”里为这些院士的成长提供了丰富的养分，滋养了他们的学术根基，培育了他们求知探索的科学家精神和为祖国谋发展的爱国情怀。之江院士成长于浙江，扎根于浙江，对这片土地怀有深厚的感情，他们“饮水思源”，不忘故乡，反哺故乡，《之江院士成长之路》正是向学生们传达院士这份爱故乡、爱祖国的情怀。

我们正处在新一轮科技革命和转变发展方式的历史交汇期，各领域科技蓬勃发展，新兴技术层出不穷，我们的生活方式因此产生了巨大变化；随着大数据和人工智能时代的来临，人们的思维方式正面临巨大变革。在这重要的历史节点上，以《之江院士成长之路》为桥梁，青少年可以跨越时空与院士进行深入对话，通过院士的成长故事，学习他们如何做人做事，感受以爱国主义为底色的科学家精神，获取解开成长道路上困惑和迷茫的钥匙，守正创新，启航未来，奋力追逐自己的人生理想。

少年强则国强。我们希望，通过这套丛书，能够提高学生的科学素质，培育具备科学家潜质、愿意献身科学研究事业的青少年群体，为国家培养堪当时代重任的社会主义建设者和接班人，为加快建设教育强国、科技强国、人才强国贡献力量，为全面建设社会主义现代化国家夯实基础。

是为序。

**中国科协—清华大学科技传播与普及研究中心理事长　徐善衍**

# 写在前面

杭州，这座历史文化与现代文明交融的城市，孕育了浙江大学这一学术殿堂。在这里，求是精神薪火相传，孕育了一代又一代杰出学者。他们以“求是创新”为校训，不断探索科学与真理，为国家的发展和人类的进步作出了不可磨灭的贡献。

群星璀璨，闪耀求是园。潘云鹤院士是中国智能CAD和计算机美术领域的开拓者，提出了人工智能2.0的技术新方向、新形态；董石麟院士是我国空间结构事业的奠基人之一，主持或参与设计了首都体育馆、国家大剧院、水立方、“大莲花”等中国重要的空间结构工程；韩祯祥院士是电工、电力系统及自动化领域的泰斗，是中国研究电力系统运行控制理论、方法和新技术的主要开拓者之一……在浙江大学的星空里，潘云鹤、董石麟、韩祯祥等院士犹如璀璨星辰，他们以卓越的学术成就和对国家、人民的深厚情感，诠释了“求是”精神的内涵。

碧波荡漾西子湖，求是精神永流传。浙江大学的院士们，如同西子湖畔的碧波，荡漾着智慧的涟漪，他们的成就和精神，如同秋日的丹枫，染红了千山万壑，激励着无数年轻学子，以求是之心，探索未知，追求卓越。

承继百代学脉长，绽放求是新篇章。今天，我们通过这本书一起回望院士的成长故事，从他们身上汲取力量，继承和发扬求是精神，以创新为驱动，攻坚克难，开拓进取，为实现中华民族伟大复兴的中国梦贡献力量。

（注：本书中的院士排名不分先后，按姓氏笔画排序。）

# 目 录

科研是一个“去粗存精、去伪存真、由此及彼、由表及里”的探索过程，对于一个科学工作者来说，要不断开拓创新，不能亦步亦趋。



必须做国家需要的东西，做社会需要的东西，这就是你选择专业及以后工作的一个基本原则。



绿色发展强调的是经济发展与环境保护协调统一，其核心是提高资源环境的利用率，其关键是绿色创新。



回顾我国核武器的发展，每一项突破、每一次成功，都是举全国之力、大力协同的结果。



我应该再次感谢整个胰岛素合成工作中所有参与者的奉献精神，作为始终参加此项工作的一员，我只是尽了一份绵薄之力。



许多科学家的成就大多是年轻时取得的，青年时期是思维最活跃的时期，大学生在校学习时一定要珍惜时间，给自己的人生打下基础。

# 朱位秋

## 非线性随机动力学的开拓者

一定要精益求精，勇于挑战别人不敢做的事。不管在哪一行，只要做到精益求精，就成了专家。

2019年5月，春末夏初，浙江省杭州高级中学120周年校庆如约而至。5月21日，10位院士莅临杭高，参加120周年校庆活动，为母校庆贺，而其中早早莅临的一位，正是非线性随机动力学的开拓者朱位秋。在亲切的交谈中，朱位秋告诉学弟学妹，自学能力是很重要的，高中如此，大学如此，一生也是如此，要学会独立，这是他从小悟出的经验。回到母校，和学生们在一起，那些有关学生时代的回忆闪现，所有的故事都从一个幽幽古村开始。

朱位秋（左四）参加杭高120周年校庆活动

## 千年古村孕育的科学家理想

位于浙江义乌的陇头朱村，西缀流水，群峦错落，山峰凝翠，草木青葱，是一个经历了千载春秋的悠悠古村。陇头朱村因坐落在一个缓坡丘陵上，正好处于“旱龙”（山脉）的“龙头”上，加上陇头朱村的始祖姓朱，人们便将这个村落叫作“龙头朱”，后来改称为“陇头朱”。

1938年9月，丰收的秋色渐染田间，陇头朱村一户普通的农家里，一个小男孩出生了。在农家人淳朴的观念里，秋日是最为美好的收获时节，于是祖母为他取名“位秋”，期盼他长大后能够做出一番事业，正如金秋的田野般硕果累累。在朱位秋七岁那年，他的母亲不幸染上疫病去世，父亲常常外出做鱼苗生意，不能很好地照料他。幸而朱位秋聪颖懂事，在祖母的照顾下以优异的成绩从陇头朱小学毕业。“我母亲过世得早，父亲没有时间管我的学习。”朱位秋回忆道。那时候，读书全是自己的事情，自学和自律的种子从幼年开始萌芽，他早早就懂得了珍惜来之不易的学习机会。

陇头朱村在地理位置上靠近浙赣铁路，孩提时代的朱位秋最兴奋的事情就是看着火车从眼前轰隆隆地驶过。在那个年代，火车象征着翻天覆地的变化和未知的远方，他梦想着成为一名火车司机，憧憬着能够驾驶火车去往远方，去发现更广阔的世界。稍大些，朱位秋到义乌城里念书，恰逢全国兴起一股工业建设的热潮，在那里他第一次看电影，见识到了新奇的汽车、纺织机械，对这一切都十分好奇的他，恨不得一夜之间弄懂这些现代文明的秘密，在懵懵懂懂中，他树立了成为一名工程技术人员的理想。

1953年，15岁的朱位秋提前半年完成了初中学业，接下来应该去往何方求学呢？“浙江省杭州第一中学（今浙江省杭州高级中学，

在杭一中读高中的朱位秋

以下简称‘杭一中’）在全省招生，是省里最好的高中。”有人告诉他。年轻气盛的他和班里的同学们一起来到了省城杭州，参加了招生考试。最终，他以优异的成绩成为班里唯一一名被杭一中录取的学生。

在这所学府里，他如愿见识到更大的世界，从小就萌芽的成为科学家的理想也得以经由知识的灌溉而变得愈发茁壮。或许正是因为有了理想的激励，朱位秋学习极为刻苦，成绩优异，毕业考各科全部获得5分（满分）。当时，图书资源还比较有限，年轻的朱位秋亦不满足于课本知识，他利用课余时间，在图书馆里如饥似渴地阅读科学杂志，了解科技前沿动态，洞察国家发展需要，并由此坚定了成为一名科学家的理想。朱位秋说：“新中国的建设，需要更多年轻人投身科学事业，奉献青春，我给自己定下了当科学家的目标，从此不忘初心。”

1956年，“向科学进军”的口号响彻全国。顺利从杭一中毕业后，朱位秋考入华东航空学院（今西北工业大学），从此踏上了漫漫科研路。大学期间，朱位秋喜欢与种种难题做斗争，钻研难题的热情越来越强烈，他的学习成绩也越来越好。在千年古村萌发的成为科学家的理想，正在指引朱位秋奔向属于他的远方。

## 爱吃“螃蟹”、啃“硬骨头”的科学家

2003年，朱位秋当选为中国科学院院士。然而，当时国内学者中鲜有人知道他在研究什么，即便是在他的工作单位——浙江大学工程力学系，能够理解其研究方向的人也是寥寥无几，因为他研究的非线性随机动力学与控制是一门极其艰深的理论，他也成为国内第一个在该领域吃“螃蟹”的科学家。

朱位秋是如何进入非线性随机动力学与控制这一研究领域的呢？一开始，是由于研究生阶段的兴趣和一种不服输、不怕难的精神。朱位秋说：“我喜欢做理论研究，尤其是有一定难度的研究。如果每个人都有自己的研究方向，潜心做研究，做到世界领先，那么我们整个国家的科技水平就会大大提高。”

1961年，他如愿考取了研究生，师从我国力学与航空领域的专家、西北工业大学教授季文美，开始从事非线性振动理论的研究。他之所以选择非线性振动理论这个研究方向，是因为当时国内线性振动理论已经发展得比较成熟，而非线性振动理论作为新兴研究领域，难度大，资源少，别人不敢碰，对他来说反而有着非同一般的吸引力。和中学时期如出一辙，除上课外，朱位秋几乎天天泡在图书馆里，查阅国内外关于非线性振动理论的专著和论文。而另一个重要的节点出现在1964年，冥冥之中可能有命运的安排，想要借助这个勤奋学子的力量揭示更多的科学奥秘，朱位秋在书店偶然买到一本英文版《机

械系统的随机振动》的影印本，阅读后发现随机振动是一门应用广泛的新兴学科。于是，他决定将非线性振动与随机振动结合在一起。自此，他开始了艰苦的自学与研究之路。这一决定对他后来长达半个世纪的漫漫学术路产生了重大影响，并将他引至国际应用力学的前沿，挑战与荣耀正静候着他。

在鲜花与掌声到来之前，迎接他的是漫长的学术研究与积累之路。1975年，朱位秋来到浙江大学，随后便全身心投入理论研究。浙大“求是创新”的精神在他身上得到了完美的诠释，他抓住所有可能的机会去突破理论难题，不畏惧一切艰难险阻。1979年，浙江大学开设英文班，朱位秋毫不犹豫地抓住机会报名。或许他已经提前意识到，为了实现科研理想，他需要积蓄更多的力量，到更广阔的国际学术舞台去深造。后来学校有了出国访问的名额，在人才济济的浙大，他凭借优异的英语成绩脱颖而出。

“我真正开始做学术研究是在1981年，当时我已经43岁了。”“真正开始”四个字，凸显了朱位秋对自己严格的要求与谦逊的态度，听起来他“吃螃蟹”并不算早，实际上，他为此已经努力了30余年。1981年，他以访问学者的身份来到美国威斯康星大学工程力学系，半年后转到美国麻省理工学院访问，师从随机振动理论的奠基人、美国工程院院士斯蒂芬·克兰德尔教授，而前面之所以说或许有一双“命运之手”在缓缓推动，是因为一个有趣的巧合——斯蒂芬·克兰德尔教授正是《机械系统的随机振动》一书的作者。这两位优秀的学者，共同选择了一个富有挑战性的领域，他们在声学与振动实验室并

1982年朱位秋在美国麻省理工学院访问

肩工作，真正开启了攻克非线性随机振动难题、冲击这座理论高峰的征途。

提起这段在麻省理工学院的访问经历，朱位秋感慨良多。当时在美访问的中国学者大多生活拮据，饮食力求简单，牛奶泡饭成为他最喜欢的食物。他说："一方面是初到美国的新奇、陌生，另一方面是巨大的心理压力。那个年代，国家还很困难，送一个人到美国学习很不容易，万一做不出有用的东西，就辜负了国家的栽培，所以我绝大部分时间都在工作、学习。"朱位秋时刻牢记祖国给予他的珍贵机会与重要使命。在他看来，一个人只有把自己的命运同集体的命运连在一起，把国家和人民的利益置于个人的利益之上，才不会迷失方向。

作为一名年轻的访问学者，朱位秋拥有灵活而大胆的思维方式。刚到麻省理工学院时，克兰德尔教授交给他一块"硬骨头"——方板

1984年5月，斯蒂芬·克兰德尔教授访问浙江大学时与朱位秋（右一）全家合影

宽带随机振动研究课题。朱位秋用导师都想不到的数论方法成功而简明地解决了难题，他的创新性方法使科学家们告别了用烦琐的计算解决一类随机振动难题的传统做法。该成果使中国学者朱位秋名噪一时，获得国际学术界的广泛认可，并让他成为20世纪80年代至90年代国际理论与应用力学联盟随机动力学系列讨论会唯一被邀请的中国学者。

另一块被啃下来的“硬骨头”是一份重量级的学术报告。经克兰德尔教授推荐，朱位秋参加国际理论与应用力学联盟关于随机振动与可靠性的讨论会并在会上做学术报告，这使他在攻克随机振动难题上取得了突飞猛进的进展，就连克兰德尔教授都感叹道：“他是一位能进入新领域并很快在该领域作出重大贡献的一流研究者。”

终于到了啃最硬的“骨头”的时候了。随机振动理论从人们研究喷气式飞机向后排出的气流造成的剧烈结构振动开始，逐渐拓展到更多的领域，如大风、地震对建筑的影响等。前沿难题不断涌现，但朱位秋就乐意与难题打交道。在常人看来，求方程的解不外乎就是一个公式一个公式“按部就班”地推演下去，但有时这样并不一定就能最快速和最简便地得出答案。1989年，朱位秋再次受聘赴美国从事研究，他决心跳出原有的解题思路。经过无数个日夜的苦思冥想和演绎推导，他终于首创性地提出将非线性随机动力学的研究从拉格朗日系统转到哈密顿系统，将非线性随机动力学系统表示成随机激励的耗散的哈密顿系统，在国际上首次提出随机激励的耗散的哈密顿系统理论。这块最硬的“骨头”由此被啃下。

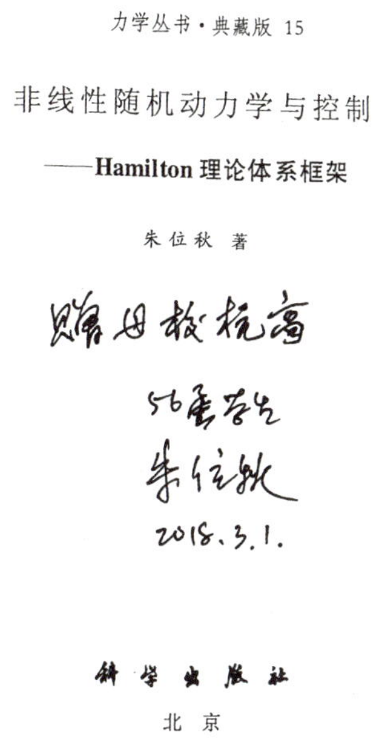
力学丛书·典藏版 15

非线性随机动力学与控制

——Hamilton 理论体系框架

朱位秋　著

赠母校杭高

56届学生

朱位秋

2018.3.1.

科学出版社

北　京

朱位秋赠送给母校的著作（签名页）

回望朱位秋从“吃螃蟹”到“啃骨头”的学术之路，我们不由感叹，理想不会抛弃苦心追求的人，而创新又源于长期不懈的钻研。朱位秋自己总结道：“跟在别人后面修修补补，做不出属于自己的东西；要想取得理论上的突破，不仅要有方法上的修修补补，还要有学术思想和研究体系上的重大改变。”同时，他还常用“执着追求，勇于创新”这8个字来勉励年轻学者勇攀科学的险峰，“我建议人们追求有限的目标，不要什么都想尝试，浅尝辄止，而是要盯准一个方向，最多两个方向，执着追求。所以我不会换来换去，因为一个人的精力、时间是有限的，博而不精，反而无法取得创新性的成果，很难（将研究）做深做透。”“执着追求，勇于创新”是朱位秋成为顶尖人才和从事科学研究的秘诀。自读书以来，朱位秋一直牢记成为科学家这一理想，朝着非线性随机动力学与控制这一研究方向不断开拓。从着手开展随机振动领域的研究工作，到最终建立“非线性随机动力学和控制的哈密顿理论体系框架”，他用了整整20年，背后支撑他的是执着奋斗和大胆创新的精神。

2002年，朱位秋获得21世纪中国力学界首个国家自然科学奖二等奖，该奖项也是浙江大学历史上首个国家自然科学奖二等奖。40年来，朱位秋团队针对高维强非线性随机系统的动力学与控制这一国际研究前沿课题，取得了一系列独创性的研究成果。可以说，朱位秋团队在该领域取得的突出成就，极大地提升了中国动力学学科在国际学术界的地位，更奠定了中国在随机动力学领域的国际领先地位。

朱位秋（第一排左二）回母校参加活动

## 精神闪耀

回顾自己60多年前艰苦的中学学习生活，朱位秋强调中学的学习是求知、创业的基础，学生要有创新意识，做前人没做过的事，勇于进取，敢于创新。他还指出，在学习和生活中要有目标和计划，对于目标要坚持不懈，不放弃、不被外界所左右，要执着地走下去。回忆起自己当年的理想，朱位秋说他的理想也伴随着年龄的增长而改变，但有一点是必须恪守的——我们要为远大的理想而活着！朱位秋具有的“执着追求，勇于创新”的精神值得所有人学习。

朱位秋寄语年轻人：“要成为一位科学家，首先，一定要有对科学的兴趣和发自内心的喜欢；其次，一定要有‘咬定青山不放松’的精神，耐得住寂寞，不管外界如何变化，依然全身心地投入自己喜欢的研究中。”虽然朱位秋已经进入耄耋之年，但对于一个真正有追求的人来说，“活到老学到老”并非一句空洞的口号。

“我是喝家乡的水长大的，是家乡的水土养育了我，我对家乡充满感恩之情。”每当谈及家乡，朱位秋便抑制不住内心的激动。在朱位秋的心中，家国不仅是情感的寄托，更是行动的指南。他一直在为国家的强盛和民族的复兴贡献着自己的力量。

## 院士小传

朱位秋，1938年出生于浙江义乌，力学专家，浙江大学荣休教授，中国科学院院士。

1956年，朱位秋毕业于杭州第一中学，进入华东航空学院学习；1964年，朱位秋从华东航空学院毕业并获硕士学位，同年进入飞机结构强度研究所工作；1975年调至浙江大学工作；2003年当选为中国科学院院士。

朱位秋主要从事非线性随机振动、结构宽带随机振动、随机有限元及随机疲劳与断裂等方面的研究，在国际上首创非线性随机动力学与控制的哈密顿理论体系框架，为解决科学与工程中一系列极其困难的非线性随机动力学与控制的关键问题提供了一整套行之有效的理论方法。这些理论方法已被运用于地震激励下高层建筑与斜拉桥的动力学分析与控制研究，其控制效果与效率均优于线性控制。朱位秋荣获国家自然科学奖二等奖、教育部科学技术奖一等奖。

执笔：王雨琦

# 许绍燮

## 地震科学的先锋

探索地震预报的人，应该庆幸自然界有地震预报这个大难题让我们持续探索，使我们可以获得持续的快乐与幸福。

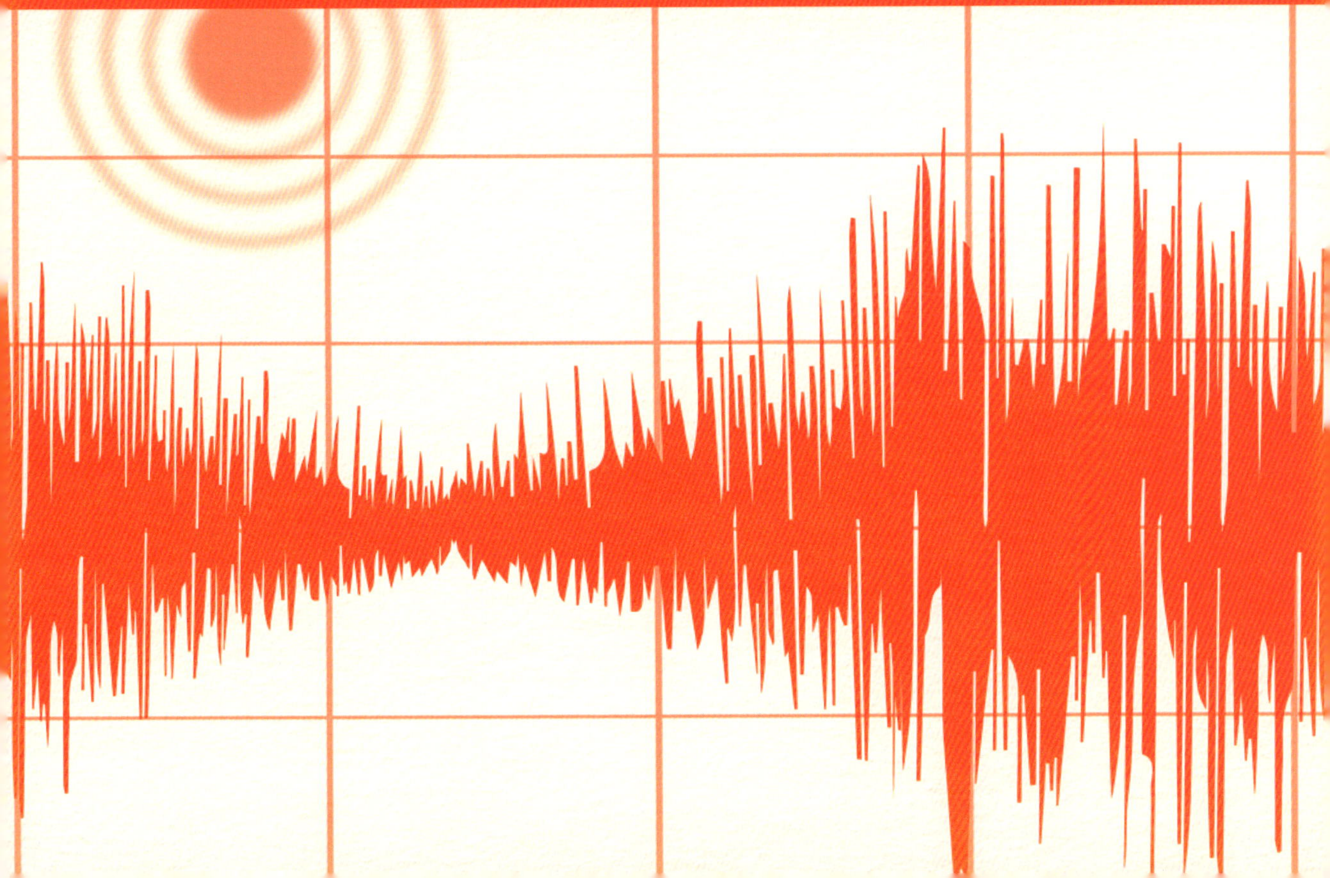

有一次，年幼的许绍燮去郊野游玩时看到土堆上轻烟袅袅，这幅景象拨动着他的好奇心。他想，被大火焚烧之后，木头应该化成灰，为什么会化成炭呢？好奇心如同经久不灭的火种，在他心间燃起熊熊大火。

他急忙回到家中，以破脸盆为炉，点燃木头，静待奇迹的出现。但屋外的伯父看到屋内隐隐露出火光，害怕房子遭殃，便用一盆冷水浇灭了眼前的火。火虽熄灭，但许绍燮心中探索的烈焰持续燃烧着。那未竟的实验，在他心里增添了对未知世界无尽的好奇与向往。

## 科学新星的诞生

1932年1月，许绍燮出生在浙江绍兴下大路的一户人家。母亲时常告诫年幼的许绍燮，凡事要争气。“要争气”这三个字便成了许绍燮勤奋求学的一大动力，对他未来的人生发展起到了巨大的推动作用。每当他碰到困难，感到心灰意冷之时，母亲的话便在他耳边响起，激励他勇往直前、永不服输。

许绍燮从小就明显表现出对万事万物的好奇心。乒乓球、河中的鸭子都会激发他对科学原理的思考。也许，正是这从小显露的好奇心驱使他走上了科学探索的道路。

当时正值国难当头，日寇的铁蹄践踏着中华大地，为了躲避侵略的战火，许绍燮随着家人四处逃难。虽年纪尚小，但许绍燮真切地感受到了国家的屈辱与民众的悲苦，目睹了百姓颠沛流离的生活，从此他便暗下决心，要认真学习，科学救国。

在浙江衢州读初中时，物理老师的一句话令他记忆深刻：要想救国，必须有知识。在衢州完成初中阶段的学习后，他进入浙江省立杭州高级中学（今浙江省杭州高级中学）读高中。高中阶段的学习进一步拓宽了他对物理学科的认知，他会为了弄懂一组物理公式的含义而在校园的甬道上徘徊沉思，会为了探究一个物理现象背后的原理而与老师争论不休。凭借对物理学的满腔热情，他又利用课余时间自修大学普通物理课程，为之后的科研工作打下了坚实的基础。

1945年许绍燮（中）在衢州与家人合影

高中毕业后，他本该前往厦门大学开启大学生活，但由于诸多原因，最终未能成行。但上天没有辜负一个踏实肯干的人，1951年，中国科学院地球物理研究所（今中国地震局地球物理研究所）开始招生，他凭借过硬的学科实力，成功通过了招生考试，在近600人中脱颖而出，走进了神圣的科学殿堂。怀揣着对物理学的热爱与赤忱，他为自己定下了一个目标——以所学来回报祖国！

研究所的领导对这批精心挑选的青年才俊寄予厚望，尤为重视他们的成长、发展，因此为他们量身打造了一系列基础课程，安排资深前辈为他们讲学，助力他们快速成长。同时，许绍燮还到南京大学无线电系听课学习。许绍燮十分珍惜如此难得的学习机会，他求知若渴，勤学不倦，在课堂上积极向教授提问。

在读期间，许绍燮学习了由谢毓寿先生讲授的微积分课程。尽管数学知识十分深奥，但复杂的数学公式在谢先生的讲解下变得生动有趣，这为他打下了深厚的数学基础。在魏荣爵先生的电磁学课堂上，他仿佛经历了一场场电磁世界的奇妙之旅，那些看不见、摸不着的电磁场在魏先生的引导下仿佛变得触手可及。施士元先生的光学课，则让他领略到了光的奥秘与美丽，光影交错间，他仿佛看到了科学的无限可能。但最让许绍燮难以忘怀的，还是陆钟祚先生的电子管线路理论基础课程。陆先生的课不仅内容深邃，讲解也精妙绝伦，他总能用最通俗的语言将复杂的原理阐述得清晰明了。正是这段学习经历，为他日后设计电子管微震仪提供了无限的灵感。

除学习理论外，许绍燮还积极参与实践活动。每当进行实验课的学习时，他便提早来到教室，开始做实验前的准备工作。许绍燮坦言，他从小就喜欢鼓捣东西、探索事物，现在又在实验课上实现了愿望！即使下了课，他仍喜欢留在实验室里继续做实验，不愿离开。在这一方小小天地中，他如鱼得水地将理论与实践完美结合，收获颇丰。

1954 年，研究所从南京搬迁至北京。为进一步夯实理论基础，许绍燮一边工作，一边在北京大学旁听地球物理的相关课程。通过学习这些课程，他高效地解决了工作中发现的问题，这种边做边学、学以致用的方法极大地激发了他的学习热情。在燕园（北京大学校园别称），他醉心于傅里叶变换、拉普拉斯变换、勒让德变换等概念，做了密密麻麻的笔记。这些概念不仅是理论物理的基石，更是解决实际工程和科学问题的重要工具。许绍燮通过反复研读教材、向导师请教等方式，不断提升对这些概念的理解和应用能力。

日复一日的辛勤耕耘终于有了回报，许绍燮在“恶补”了大量的基础知识之后，在科研工作中也愈加得心应手。许绍燮用自己的经历证明，只要保持对知识的渴望和追求，无论起点如何，都能通过不懈的努力达到理想的彼岸。

经过一段时间的学习，许绍燮在参与地磁场绝对值的测量工作时，遇到了一个实际难题：传统的铅酸蓄电池不仅笨重，难以搬运，还潜藏着硫酸泄漏的风险。面对这一挑战，他敏锐地察觉到实验室中有现成的220伏交流电，萌生了通过6伏变压器，用交流电替代蓄电池产生的直流电为光杠杆实验装置中的小灯泡供电的想法。

起初，他因顾虑交流电可能产生的磁场干扰而犹豫不决，但通过深入思考，他认识到地磁变化是低频的，且使用直流电时磁场未受影响，进而推断出高频交流电的影响也可忽略不计。一次蓄电池意外打翻的事件成为许绍燮提出新方案的契机。指导老师胡聿贤不仅鼓励他进行尝试，还建议他同时采取两种方案进行观测、对比，以确保实验结果的科学性和严谨性。实验结果显示，使用变压后的交流电的方案在观测效果上与原方案并无差异。许绍燮的提议最终赢得了专家的认可，并被采纳，这一经历对他而言意义非凡。他深刻体会到，即便在知识有限的情况下，勇于探索、敢于尝试同样能够为科研工作带来积极影响。

## 攀登永无止境

20世纪50年代，第一个“五年计划”犹如一幅磅礴壮阔的蓝图，铺展在中华大地上，国家要在“一五”计划期间建造上百座大型建筑。然而，在这蓝图的背后，隐藏着一项至关重要的任务——为这些工程筑起安全的基石，提供相对精确的抗震设防烈度数据。这一重任，悄然落在了地球物理研究所的肩上。

地震是自然界的神秘舞者，其步伐难以捉摸，需要人类用智慧与勇气去预测、去防范。研究所深知，要绘制出地震的“安全地图”，必须先织就一张精密的监测网。于是，建设地震监测台站便成为重中之重的任务，而且每一个地震监测台站内必须有一台记录数据的授时钟。彼时，国内钟表工艺能力尚显不足，无法与瑞士船钟的精度相媲美。研究所库房内的瑞士船钟早已损坏，且无法送到瑞士原厂修理。面对艰苦的科研环境，许绍燮这位初出茅庐的青年科学家，毅然决然踏上了修复瑞士船钟的征途。他先向技艺精湛的钟表店师傅请教，再通过夜以继日的钻研，终于让沉寂的钟摆重新开始摆动，为地震监测台站的建设奠定了基础。但许绍燮深知，光修好瑞士船钟是远远不够的。国人要摆脱对国外技术的依赖，必须走自主创新的道路。

许绍燮对此进行了深入调研，面对材料短缺的困境，创造性地提出了铁木铜补偿摆的设计，这一创举不仅打破了西方国家的技术封锁，更让中国授时钟的精度迈上了新的台阶。许绍燮的创造性设计使授时钟1天的误差精确到1秒以内，这不仅是技术的飞跃，更是民族自信的彰显。

1953年许绍燮与他研发的51式地震仪

然而，许绍燮的探索并未止步于授时钟的修复与创制。当时使用的51式地震仪，以其悬挂的大重锤吸收地震传来的惯性能，通过多级杠杆逐级放大的设计，在远震和弱震（震级小于3级）、有感地震（震级3～4.5级）记录上展现了不凡的成效。然而，面对中强震（震级大于4.5级，小于6级），这套系统却显得力不从心。遇到强震（震级等于或大于6级），杠杆甚至会滑脱崩落，监测数据也就此中断。

正是在这个关键时刻，许绍燮挺身而出，以非凡的创造力为地震监测技术带来了全新的思路。经过无数次的试验与改良，他终于设计出了弹性铰链连接器，这一创造性设计如同给地震仪装上了牢固的“关节”，让地震仪在强震面前依然稳如泰山。改良成功的513型中强震仪，迅速成为中国地震监测的得力助手，在历次大地震中，它都准确地记录下了地震相关数据。

许绍燮创制的581型微震仪

传统地震仪的笨重与低效，让许绍燮又一次产生了革新的念头。许绍燮想在地震仪中加入电子器件——放大器，再把相纸替换为道林纸。尽管这一想法在一开始遭到了许多人的质疑，但他仍然坚持自己的想法。通过对电子管线路理论的深入学习，他大胆设计并研制出581型微震仪。这一创举不仅大幅提升了地震仪的灵敏度和放大倍数，更让中国地震监测技术迈上了新的台阶，接近当时的世界先进水平。为此，他获得了“全国青年社会主义建设积极分子”的称号，这是对他不懈追求的最好证明。

在581型微震仪即将广泛部署于地震监测台站之际，一个挑战悄然浮现——电网电力的局限束缚了它。许绍燮进一步推测：若用晶体管替代电子管，岂不是能破解功耗高的难题？于是，许绍燮将581型微震仪内的电子管逐一替换为晶体管，打造了升级版的设备——582型微震仪。

## 以所学利国利民

科学研究，并非仅仅悬浮于高阁之上的抽象理论，而是深深扎根于现实生活，以其实用性和普惠性，彰显为人民服务的初心与使命。

许绍燮研究地震的初心也是如此。

1966年春，河北邢台遭遇了一场前所未有的地震浩劫，强震接踵而至，华北大地震情不断。在国家会议上，许绍燮作为地球物理研究所的代表，提出了一条革命性的建议——利用电信线路，将散布于全国各地的地震监测台站记录的地震波的电信号即时汇集至中心，实现地震速报的飞跃。这一前瞻性的构想，当即获得了周恩来总理的高度认可。

在时任国务院副总理李先念的亲自部署下，一场与时间赛跑的行动迅速展开。研究所的相关人员分秒必争，奔赴前期精心选定的8个地震监测台站。短短一周之内，奇迹般地构建起了以北京为核心的地震准实时速报电信传输台网，一条条生命线跨越山川，将地震监测的触角延伸至更广阔的领域。

1976年7月28日，距离北京50千米的河北唐山、丰南一带发生了里氏7.8级强烈地震。地震的阴霾深深笼罩在每个人的心头，北京街头，地震棚随处可见。北京、天津、唐山等地的企业仍不断开展抗震防灾活动，日常生产陷入停滞状态，学生们的复课之路也因此受阻，社会的正常运转似乎被按下了“暂停键”。在此背景下，关于北京是否也处于地震威胁之下的讨论愈发激烈。有专家指出，北京位于强震带附近，且已有数百年未经历强震，有可能再次遭受地震浩劫。

面对这一忧虑，许绍燮凭借扎实的专业基础得出“北京是相对安全的”论断，告诉大家无须过度恐慌。时任北京市市长的吴德在深思熟虑后，毅然决定采纳许绍燮的建议，拆除了全市的地震棚，让市民们逐步恢复正常的生产和生活秩序。历史证明了这一具有远见卓识的决策的正确性，北京在随后的岁月里安然无恙，经济建设与社会生活平稳发展。

在之后的岁月里，许绍燮还远赴日内瓦参加了联合国禁止核试验地震核查的国际谈判。在国际谈判中，许绍燮以无可辩驳的事实依据，展现了坚定的立场。面对西方国家对我国施加的重重压力，他据理力争，毫不退缩，独当一面，坚决捍卫了我国的原则与底线，赢得了谈判的重大胜利。

2003年，时任中国工程院院长的徐匡迪（左）祝贺许绍燮（右）当选第三世界科学院院士

## 精神闪耀

在地震科学的浩瀚宇宙中，许绍燮如同一颗耀眼的星星，以其独特的人格魅力、深厚的学术造诣，闪耀着不灭的光芒。

科研之路，矢志不渝。许绍燮深知地震研究对于国家安全和人民福祉的重要性，面对地震预报这一世界性难题，他从未退缩，而是迎难而上，深入研究地震波的传播规律、地壳应力变化等核心问题。通过无数次实验与数据分析，他发现了关键的地震前兆，为地震预报技术的发展提供了重要依据。他的研究成果不仅在国内产生了深远的影响，也在国际地震学界赢得了广泛赞誉。

“这么多年，我几乎没有退休的概念。”每一个白昼与黑夜都见证着许绍燮风雨无阻的努力。工作后，许绍燮几乎每天都过着两点一线的生活，在家和地球物理研究所之间来回。

“除了这份（对地震学研究的）热爱，我仿佛已忘却了世间的其他纷扰。”熟识他的人都知道，岁月流转，他几乎将全部心力倾注于科学研究，鲜有涉足工作之外的纷繁世界。地震学研究也给许绍燮带来了最纯粹的满足感。兴趣、执着、创新、爱国是许绍燮一路向前的动力。他的故事，如同一部伟大的史诗，永远激励着后来者。

## 院士小传

许绍燮，1932年1月出生于浙江绍兴，地震学专家，中国工程院院士。

1951—1954年，许绍燮在南京大学无线电系学习；1955—1956年，在北京大学物理系学习。曾任中国科学院地球物理研究所副所长、国际地震灾害与预报委员会副主席等职。1999年当选为中国工程院院士。

许绍燮创制了标准钟用铁木铜补偿摆、机械地震仪弹性铰链连接器；研制581型微震仪和582型微震仪；合作创建了国内外首个北京电信号传输台网，首次实现了地震准实时速报；提出多种地震前兆，极力主张“地震应可预测”；提出了地震预报能力的R值评分方法；成功组建了侦察国外核试验速报体系，创建了多种测定核爆地震的方法；成功测定我国首次核试验当量；代表中国参加联合国禁止核试验地震核查的国际谈判。获国家科学技术进步奖二等奖3项、三等奖1项。

执笔：黄见智

# 孙优贤

## 工业自动化工程技术领域的引领者

我对自动化产业的未来发展充满信心，未来在高端自动化领域的突破和应用将是主要的发展方向。

一个冬日的早晨，天蒙蒙亮，校园甬道旁的操场上传来一阵琅琅的读书声，这个捧着书诵读的少年正是孙优贤。1956年，他以优异的成绩被保送到浙江省杭州第一中学（今浙江省杭州高级中学，简称“杭一中”）。在校期间，他每天坚持晨起读书，不论寒冬酷暑，常年不辍。

## 文体兼优

1940年12月23日，孙优贤出生于浙江省诸暨市的一个雇农家庭，家里有兄弟姐妹五个，他排行第五。孙优贤两岁时，父亲就不幸过世了，整个家只能靠母亲和年长的孩子日夜劳作来维持生计。年幼的他也要进行力所能及的劳动：放牛、割草、赶鸭子……清晨，青草沾满露水，牛声哞哞，一名小童陪伴在牛的身边……即使只是一名牧童，孙优贤也有些不一般的家当——手中的书本。原来，诸暨有浓郁的读书氛围，在良好乡风的熏陶下，一家人宁可节衣缩食也要将孙优贤送到学堂读书，读书明志，以图孙家后辈能取得一番成就。孙优贤从小就很懂事，明白全家人的辛劳与期盼，读书十分刻苦，放牛的时候亦手不释卷。

正因为有着在牛背上读书的勤奋与志气，1953年7月，孙优贤以优异的成绩考入杭州初级中学，又在1956年7月以“12个5分”的全优成绩考入杭一中。杭一中曾是浙江新文化运动的中心，也曾是全省师资培训中心，名师云集，英才辈出。当时的语文名师曹文趣有一段趣事，他会在开学第一堂课对全班同学说：“得天下之英才而教之——幸也！”而曹老师说得一点都没错，他一个人教过的院士就有9位之多，孙优贤正是其中之一。从曹文趣老师的话语中，可窥见当时生源质量之高与教师期望之深。

回顾孙优贤的中学时期，他始终坚持做好两件事——奋发学习和锻炼身体。杭一中的读书氛围之浓厚自不必说。据校友回忆，当时杭一中校门口的甬道，每天一大早，晨光微现，两侧便站满了早读的学生。孙优贤也不例外，他每天坚持天蒙蒙亮就起床读书，不论寒冬酷暑，常年不辍。

除了文化课的学习，成才的另一个关键因素是强健的体魄。学生们完成每天的学习任务后，把课余时间都花在了体育场。当时的杭一中，进校门后左手边就是一个操场，校园里还有单杠、双杠、篮球场、排球场和游泳池。学生们积极参加各种各样的体育锻炼，还会自发组织田径比赛。孙优贤并不是只知读书的“书呆子”，相反，他爱好的体育运动十分广泛，不仅喜欢游泳，还练过单杠、双杠、短跑和跳远，成绩都很突出。充足的锻炼造就了他强健的体魄，这使他在学习和工作中一直保持饱满的精神状态。

1959年，孙优贤以优异的成绩考入浙江大学化学工程系。大学期间，他不仅继续保持良好的学习习惯，还先后担任化学工程系学生会体育部部长、浙江大学学生会体育部部长，积极组织和参加学校的各类体育赛事，获奖颇丰；同时，他还积极参与各类社会活动，如苏堤拓宽、建设植物园、消灭“四害”等。在这个过程中，孙优贤具备了关注社会民生的宏观视野，也拥有了强烈的集体责任感。他暗自下定决心，决不庸庸碌碌地过一辈子，梦想着像那些受人尊敬的前辈一样，能够勇攀科学高峰，推动社会发展，并由此实现报效国家的理想。

1963年大学毕业后，孙优贤留校任教。大学教师的基本任务是完成优质的教学工作，他始终做到“上好课、批好作业、做好实验”，每天用比常人多数倍的时间来备课，备课笔记比课本厚一倍多。孙优贤骄傲地表示，在他的教学生涯中，从未发生过计算推理失误的事情。在教书育人的基础上，他亦不忘自己曾经的志向，坚持教学和科研并重，曾历时三个月跑了19个城市，去了39家工厂调研，获得大量的一手资料，明确了国家重大需求和行业发展需求，坚定了科研方向；他先后承担或主持了一大批国家重大科技项目，提出并建立了我国高校第一个国家工程研究中心，提出了“中国工业过程自动化高技术产业化”等重大专项，率先建立了现代控制工程应用理论体系，创造性地解决了工业过程控制中的一系列关键问题，将成果与实际应用紧密结合，并实现了产业化，取得了巨大的经济效益和社会效益。而这一切成果，既离不开他刻苦努力地钻研学术，同样也离不开他常年锻炼为身体与意志打下的坚实基础，唯有文体兼优、不惧苦难、不断超越，才能使自己成为对祖国、对社会有用的人才。

## 德贤才大

20世纪70年代初，孙优贤来到嘉兴民丰造纸厂。科学研究要从理论走向实践，离不开反复的观察分析、实际操作，他计划带领学生把这里打造成一个重要的科研基地，在一线研究生产工艺，从提出自动控制方案开始，到分析、设计、安装、调试自动控制系统，最终解决生产中遇到的实际问题。这为后来造纸厂实现造纸自动化打下了坚实的基础。

孙优贤不仅是民丰造纸厂的“名誉职工”，还获得了“嘉兴市荣誉市民”称号。那时孙优贤工作十分投入，夜以继日地蹲守在车间里，边调试边做实验，攻克了一个个难关，终于成功地开发了国内第一套造纸机定量水分计算机控制系统，其生产成本在当时还不到同类进口产品的四分之一。生产成本的降低对当时的工厂的重要意义不言而喻。紧接着，孙优贤团队又对民丰造纸厂的超薄型电容器纸定量水分计算机控制系统进行研究，历经4年，终于解决了这类纸型建模与控制的难题。孙优贤后来回忆道：“那些年里，我和我的研究生首次在国际上用分析机理的方法建立了造纸过程中的传质、传热方程，开发了不同纸型、不同车速、不同造纸机的9种动态数学模型，以及14种新型控制算法。”他们还把这套研究成果推广到更多领域，影响极为深远。工厂的广大干部和职工从心底里感激这位既能够做研究，又能够蹲车间的“孙老师”，授予他民丰造纸厂“名誉职工”的光荣称号。这可能是孙优贤终其一生得到的荣誉中较小的一个，但是其中包含着的人民的感激与认可，却是如此珍贵和令人难忘。

孙优贤在工业自动化领域作出了杰出贡献。1991年，他当选为浙江省自动化学会理事长，并从2009年开始担任中国自动化学会理事长。在应用基础研究和科学技术创新活动中，孙优贤瞄准国际科技前沿，面向国家重大需求，以战略科学家的视野，超前规划布局。他牵头和合作方开辟了高端控制装备、智能运行优化、工业控制安全等学科新方向，拓展并丰富了我国工业自动化系统的科学理论，建立重大工程自动化控制系统技术装备体系、应用理论体系、运行优化体系，推动了浙江省乃至全国控制科学与工程学科的突破性发展。我国急需的广域协同控制装备，95%的国内市场曾一度被国外占领。面对严峻形势，孙优贤与团队成员成功研制出广域协同的高端大规模可编

孙优贤（右三）在工厂与技术人员讨论问题

程自动化（装置）系统UCS，获2020年度国家科学技术进步奖二等奖。此外，面向国家重大需求，孙优贤作为项目负责人带领团队成员攻克了三大国际性难题，“大型高炉炼铁系统高性能智能运行控制关键技术”成果获2022年浙江省科技进步奖一等奖，并应用于我国八大著名钢铁企业，24项技术指标中有20项处于国际领先水平，三年产生新增销售收入1011亿元。

孙优贤不仅关注个人项目成果，还坚持“承接大项目、组建大团队、建设大平台、培育大成果、助力大产业”的发展思路，担任了5年国家重点实验室主任和29年学术委员会主任，勤勤恳恳地投身创建国家级重大科技创新大平台的工作。1991年，由孙优贤提出申请，经国家发展改革委批准，我国第一个工业自动化国家工程研究中心在浙江大学成立，该研究中心成为当时我国最高水平的自动化研究开发基地，孙优贤担任该研究中心的负责人。2019年，他通过与团队成员反复讨论，推动建立新一代工业互联网系统安全技术集成攻关大平台。2022年，他精心策划和推动的工业控制技术全国重点实验室重组方案顺利通过审批。这些成果无疑在更大程度上推动着我国相关领域科研事业的发展，推动我国特别是浙江省工业自动化技术、装备、系统、网络的蓬勃发展，促进了产业结构的重大调整，在经济、社会方面作出了巨大贡献。

回望六十多年的辛勤耕耘，孙优贤坚定地说：“我相信假以时日，包括工业自动化在内的很多领域，中国将从‘难以望其项背’发展到与发达国家‘并驾齐驱’，‘遥遥领先’也将不再是空想。”

孙优贤不仅能够勤学成才，还能够利用所学知识切实地造福国家、造福百姓，“德贤才大”四个字成为他一生的真实写照。

孙优贤（右一）与杭高老师合影

## 精神闪耀

文体兼优，深耕一线。孙优贤从小就明白刻苦努力与勤勉锻炼的重要意义。强健的体魄让他能深入一线进行调研实践，解决生产过程中出现的实际问题，制定相应的解决方案，推动国家工业自动化的发展，造福国家和百姓。

刻苦努力，报效祖国。孙优贤在回顾自己的一生时感叹：他出生时战火纷飞，山河破碎，百姓蒙难，幸运的是有了中国共产党；他成长于红旗之下，安心上学，潜心治学，练就本领，五十多年来深耕工业自动化，锲而不舍，刻苦钻研，勇攀高峰，为国家科技事业发展作出了一些贡献，取得了一些成就。但他深知："除了个人的努力之外，我要感谢党，感谢国家，感谢这个伟大时代为我们这一代人提供的良好的外部环境和做学问、搞科研的有利条件，没有这些，我不可能取得今天的成绩。"孙优贤坚信，在良好的科研环境里，在一代又一代中国人的共同努力下，科技强国梦一定能实现。

呕心沥血，培养人才。孙优贤十分重视教育和科技人才的培养，他倾注大量心血，在国内率先编写化工自动化教材，坚持讲授过程控制理论和过程控制工程两门主干课程，80岁时还为本科生讲授自动化前沿课程；他坚持带领学生到工厂开展生产实习和毕业实习，并主持建造了五套大型实验装置供学生使用。他的研究团队聚集了一大批优秀年轻人才，2023年团队有三位年轻教师荣获"长江学者"称号。

## 院士小传

孙优贤，1940年12月出生于浙江诸暨，是我国杰出的工业自动化专家和教育家，工业自动化领域的泰斗，浙江大学教授、博士研究生导师，浙江大学控制科学与工程学院院长，浙江大学现代控制工程研究所所长，工业自动化国家工程研究中心主任，国际自动控制联合会制浆造纸委员会副主席，中国工程院院士。

1959年，孙优贤毕业于杭州第一中学，1963年毕业于浙江大学。1984年，获德国洪堡基金会研究奖学金，赴德国斯图加特大学进修。1995年当选为中国工程院院士。

孙优贤带领同事和学生，通过应用基础研究和科学技术创新，成功解决了我国工业现代化各个不同发展阶段对工业控制装备及系统提出的迫切需求，并作出了历史性贡献。他在高性能高可靠控制装备及多变量鲁棒控制系统等前沿领域取得了卓越的成就。

执笔：王雨琦

# 李德生

## 中国石油工业奠基人

要有实事求是的科学态度。坚持真理、独立思考，是一个科学家应该具备的品质。

那是一个风起云涌的年代，天空似乎总笼罩着一层淡淡的阴霾。年少的李德生漫步在城市的边缘，目之所及是外墙斑驳的工厂、破旧停用的机器。他凝视着远方，心中充斥着难以言喻的焦虑——没有石油，那些飞机、坦克、汽车，不过是冰冷的钢铁躯壳，失去了灵魂与力量。

选择地质专业，是他从求学伊始就认定的事情。往后，他穿着毡靴三进祁连山，策马奔腾在茫茫戈壁，驾车驰骋在东北雪原。玉门、大庆、延长……中国每一个大油田，几乎都留下了他用小地质锤敲打过的痕迹。他的名字也因此永远载入中国石油工业的光辉史册。

## 为国找油：从无油之困到强国之梦

弄堂深处，灯光微弱，只在转角处勉强透出几缕昏黄的光，那是老式铁罩灯散发出的微弱光芒。灯罩上覆盖着岁月的锈迹与尘埃，灯光因此变得朦胧而压抑，如同被一层薄雾笼罩着。

这些狭窄的巷弄里，房屋紧挨着房屋。屋顶之下，隐藏着无数个小小的世界，它们如同鼠穴般幽闭，里面传出细碎的声响，有邻居间的轻声交谈，也有孩童们尽力压低的笑闹声，这些声音都在这狭小的空间里回荡，带着一丝不易察觉的愁绪。

那时的上海，暗流涌动，经济的起伏、政治形势的微妙变化，无时无刻不在影响着弄堂里每一个家庭的生活。

少年李德生便是在这样的环境中成长起来的，他的童年记忆里，不仅有夏日傍晚在弄堂里乘凉的欢声笑语，更有那些深夜里传来的隐约争吵声，以及大人们沉重的叹息。

1937年，卢沟桥事变如同一道惊雷，震碎了中华大地的宁静，也深深地震撼了李德生幼小的心灵。他站在弄堂口，仿佛看见了远处腾起的黑烟，眼中闪烁着不屈的光芒，心中暗自发誓："不能当亡国奴！"

李德生读完初中后，便被迫告别亲人，踏上了逃离沦陷区的路途。他紧握双拳，每一步都显得那么沉重。他越过被日军封锁的钱塘江，历经曲折到达浙江丽水，并于1939年以沦陷区学生的身份进入浙江省立临时联合高级中学（以下简称"联高"）就读。

这所临时组建的联合高中，如同漂泊在乱世中的一叶扁舟，承载着无数青年学子的梦想与希望，却也时刻面临着风雨飘摇的考验。

联高的日子，无疑是艰苦卓绝的：教室简陋，常常是临时搭建的木屋，屋顶的茅草在风雨中摇曳，仿佛随时都会被掀翻；书籍稀缺，学生们只能轮流借阅，每一页纸上的每一个字对他们来说都无比珍贵；而最令人心惊胆战的，莫过于那突如其来的敌机轰炸。每当警报声划破天际，师生们便不得不放下手中的笔，匆匆找地方躲起来。

联高的夜晚与上海弄堂里的夜晚不同。在上海的弄堂里，夜晚或许还残留着几分旧日的繁华与喧嚣，灯火阑珊处，是家长里短的温馨与市井生活的烟火气；而联高的夜晚，透出微光的桐油灯随风轻摆，显得更凄凉一些。

李德生坐在简陋的木桌旁，笔尖轻触纸面，发出沙沙的声响。桐油灯摇曳，光影交错间，他的眼神坚定而明亮，仿佛能穿透重重困难，看到希望的曙光。

"故天将降大任于是人也，必先苦其心志，劳其筋骨……"先贤的话语在李德生心中回响，他深知，眼前的艰苦正是磨炼意志的试金石。旧轮胎做的鞋子，虽然沉重且令人不适，却被他踏出了坚定的步伐；茅草做的床垫虽薄，却承载着他沉甸甸的梦想。冬天，山风凛冽，他的脸颊常常被冻得失去知觉，但"不能当亡国奴"六个字如同一团永不熄灭的火焰，在他胸中燃烧。

青年李德生

1941年5月，随着日寇的铁蹄踏入温州，联高被迫迁移，李德生和一群刚刚高中毕业的同窗，踏上了前往湖南衡阳的路途，去参加多校联合的自主招生考试。在考试的那段日子里，衡阳的天空时常被敌机的阴影笼罩，轰炸声不绝于耳。他白天在防空洞里复习功课，晚上匆匆赶往考场应试。考场上，他的笔尖在纸上跳跃，这又何尝不是一种与命运抗争的方式？

1941年11月，他从报纸上得知自己被中央大学①理学院地质系录取。这一刻，他等得太久了。过去的一切艰辛与付出，在这一刻似乎都获得了回报。他目睹了上海弄堂微弱灯光下的烟火气息，许下“不能当亡国奴”的铮铮誓言；他体验过联高临时校舍的简陋环境，以坚韧不拔之志面对艰苦的环境；他承受过在衡阳考试的重重磨难，白昼间于防空洞里苦读不辍，夜幕下步入考场以笔为剑，书写着对知识的渴望与对未来的憧憬……这些经历，非亲身历其难者难以体会，李德生也因此磨炼出不屈不挠的钢铁意志。

重庆，这座山城，每一座山峰都挺拔屹立，与李德生的精神品质如此契合。当时的中央大学，有中国地质力学的奠基人李四光等，他们如同夜空中最亮的几颗星，引领着李德生去探索未知的领域。

促使李德生真正决定“为国找油”的原因，还要从一件小事说起。当时，日寇的铁蹄肆虐，山河沦陷，抗日后方资源匮乏，尤其是汽油与柴油，如同沙漠中的甘泉般珍贵。通往重庆市区的校车，多使用炭炉生成的煤气作燃料，偶尔也会使用桐油、茶油、菜籽油等提炼的柴油作燃料。据李德生回忆：“用这些燃料驱动的汽车速度非常慢，走走停停，一个小时的车程通常需要耗费两个多小时。”

在那个时代，倘若缺乏石油，飞机无法翱翔天际，坦克难以驰骋沙场，汽车沦为摆设，更遑论化纤、化肥等石油衍生物的制造了。当时中国的石油工业几乎处于空白状态，真可谓“一滴汽油一滴血”。

①中央大学：今南京大学等校的前身，全书后同。

正是这样的深刻体验，促使李德生坚定地选择了经济地质学作为自己的专业方向，他立志要在广袤的大地上寻找那宝贵的“黑色黄金”。

从上海到浙江、湖南，再到重庆，每一个地方都留下了他成长的足迹。他知道要想国家强大，要做的事还有很多，于是他默默地告诉自己要“为国找油”。为国找油，是李德生心中的呐喊，无论风云变幻，始终不渝。

也许从这一刻起，他就注定踏上前往大西北找油的征途。

## 油脉探寻：从巍峨山城到无垠戈壁

1945年，正值李德生毕业前夕，玉门油矿的矿长严爽前往位于重庆的中央大学“招兵买马”，表示“只要是中央大学的毕业生，来者不拒”。由于玉门条件艰苦，地质系的众多毕业生中，只有3人报了名，其中一个就是李德生。

1945年7月7日，李德生23岁，正是风华正茂的年纪。他没有任何犹豫就爬上了那辆装满物资的卡车。

1辆卡车，2个多月，2500多千米，李德生踏上了从重庆到玉门的漫漫征途。

山河岑寂，大地辽阔，卡车在蜿蜒的公路上缓缓移动，如同穿越时空的信使，带着青春、热血、热爱向这片荒凉的土地进发。戈壁滩上，风沙肆虐，但无法吹散李德生心中的坚定信念。

1945年，李德生在玉门祁连山顶

抵达玉门后，李德生在翁文波教授的引领下，加入了中国第一支重磁力勘探队。这支勘探队的任务是在河西走廊东起武威、西至敦煌的区域，开展比例尺为1：50000的重力与磁力图测工作，并同步进行路线地质勘查工作。

在这片土地上，物资供应不足，有的只是无尽的风沙。祁连山下，风是时间的低吟，沙是岁月的细语。在风沙肆虐的戈壁滩上，队员们掌握了骑乘技艺，无论是马、驴还是骆驼，都能驾驭自如。为了满足日常所需，他们常骑马或骆驼，长途跋涉70千米至酒泉县城购置物资，每次都会备齐足以维持数月的生活用品。在探寻油源的过程中，他们的足迹遍布河西走廊的辽阔地带，并且三度翻越祁连山脉的分水岭，开展重磁力勘探工作。

白天，李德生和队员们并肩穿越山岭，拿着罗盘确定方位和路线；夜幕降临时，他们常常就地搭帐篷过夜。

李德生一个人凝视过太多夜晚。弄堂之夜，弥漫的是家庭和乐的人间烟火；联高之夜，书写的是一个人奋斗的孤独篇章；衡阳之夜，挥洒的是中国少年的凌云壮志；山城之夜，回荡的是“为国寻油”的铿锵誓言。

此刻，李德生置身于祁连山的黑夜中，只感觉到寒冷与荒凉。寒冷此时仿佛化作了实体，穿透衣物，直抵骨髓。夜幕低垂，星辰虽亮，却似乎无法驱散周遭那刺骨的寒意。他的呼吸在寒风中凝结成白雾，瞬间又被风卷走，留下一丝不易察觉的暖意。他的眼前是与同事们暂居的帐篷，四周延展着无垠的戈壁，既无树木也无草丛，绿色几乎绝迹，唯有少量顽强生存的骆驼刺点缀其间。

高地之上，李德生抬头仰望，那片星空仿佛触手可及，淡紫、暗红、金黄，各色星辰交织成一幅壮丽的画卷，静静地诉说着宇宙的奥秘，也映照出李德生内心的波澜。他知道，这片星空下，有无数像他一样默默奉献的石油人。他更知道，自己应该用青春和汗水，去书写属于中国的石油传奇。

他回到帐篷内，昏黄的灯光勉强驱散了几分黑暗与寒冷，但那刺骨的寒意似乎无孔不入，侵蚀着每一寸空间。李德生轻手轻脚地钻进“冰块被子”，一股透心的寒意瞬间包裹全身，仿佛连呼出的气体都凝结成了冰晶。他紧紧蜷缩着身子，试图用体温去驱散这种冰冷，但终究只是徒劳。夜深人静，只有帐篷外呼啸的风声和偶尔传来的沙石滚动声提醒着他，这里是大自然的领地，人类在这里显得如此渺小。李德生辗转反侧，难以入眠，脑海中不断回放着白天勘测的场景。

夜，越发深沉，寒冷也愈发刺骨。李德生不知道自己是何时睡着的，但当他再次醒来时，天边已泛起了鱼肚白。他鼓起勇气，掀开那层已经结霜的“冰块被子”，一股更加猛烈的寒意扑面而来，让他不禁打了个寒战。但他没有丝毫犹豫，迅速穿上厚重的衣物，走出帐篷，迎接新一天的挑战。

这样的日子，日复一日，如同祁连山连绵不绝的山峦。1946年，这支重磁力勘探队最终完成了《甘肃走廊西部重力测量提要》报告，并成功绘制了比例尺为1：100000的河西走廊地质、重力综合图。这份报告标志着我国首个重力测量成果的诞生，对玉门油田的勘探工作起到了关键性的推动作用。

1945年10月，玉门油矿重磁力勘探队在酒泉南华村合影，前排左三为李德生

在这之后，李德生探寻油脉的踪迹遍布玉门、上海、延长、川中、大庆、胜利、大港、任丘……正如那首《我为祖国献石油》中唱的：“哪里有石油，哪里就是我的家。”但是，始终不变的是陪伴在他身边的那个人——朱琪昌。

1946年，李德生（右一）与朱琪昌的结婚照

1946年，朱琪昌毕业，李德生恰好被调至上海，在中国石油总公司勘探室担任助理地质师。1948年，两人在上海步入婚姻殿堂。据说，20世纪80年代那部讴歌中国石油工业的电影《创业》的素材里就有这段佳话。

李德生不仅为了勘探石油四处搬家，还将“为国找油”的誓言融入孩子的名字之中。李德生的大女儿叫李允晨，她出生于上海，这个名字带着几分上海早晨的诗意。后面三个孩子的名字分别是李肃、李玉、李延，成为李德生在甘肃、玉门、延长为中国找油的见证。

李德生亲历了中国石油地质学的开创与发展过程。他曾感慨道：“六十余载光阴，我目睹了我国石油工业由小到大、由弱变强，直至现在跃居世界前列的过程，我们这辈人总算对国家和人民有了一个交代！”

在李德生的脚步声中，我们仿佛听见了中国石油工业不断前行的铿锵旋律。从为国找油的初心萌动，到强国梦的实现，李德生是璀璨历史的见证者，更是辉煌历程的筑梦人。从巍峨山城的启航，到无垠戈壁的深耕，再到大江南北的每一个油田，他的足迹如同星辰，照亮了中国石油工业的征程！

## 精神闪耀

在2023年9月25日这个意义非凡的日子里，首届“感动石油人物”颁奖典礼在北京隆重召开，一位百岁老人——李德生，唱响了那首曾激励过无数石油人的歌曲《我为祖国献石油》。

“我为祖国献石油，哪里有石油，哪里就是我的家……”熟悉的旋律在会场中回荡，李德生的歌声深情而有力，每一个音符都饱含着他对石油事业的无限热爱与执着追求。在广袤的中华大地上，石油如同不息的脉搏，涌动着推动国家前进的力量。从东到西、由南至北，哪里有“黑色黄金”在地下沉睡，哪里就有李德生的足迹。正如歌中所唱的，有石油的地方，就是李德生的家。

“寻宝藏不惧山高路远，求真知哪怕殚精竭虑，育英才何须利禄功名。”这是首届“感动石油人物”组委会给李德生的颁奖词，亦是这位百岁老人非凡石油人生的真实写照。

李德生长期从事地质研究和石油勘探开发工作，他先后参加了国内延长、大庆、胜利、华北和四川盆地等多个油田的勘探和开发工作，走遍了全国大大小小的油田。

他是勇者、智者、仁者，更是读不完的石油传奇！

## 院士小传

李德生，1922年10月17日出生于上海，石油地质学家，中国科学院学部委员（院士）。

李德生于1945年6月从中央大学地质系毕业并获学士学位。曾是中国地球物理学会创始会员、中国地质学会荣誉会员、中国石油学会常务理事、中国海洋学会常务理事等。1991年当选为中国科学院学部委员（院士）。

从玉门、延长、大庆、四川、胜利、大港、华北到北京的勘探院，李德生长期致力于石油勘探开发和地质研究工作，在陆相生油理论、含油气盆地的构造类型等方面取得了杰出成就，在中国石油地质研究领域树立了光辉典范。李德生先后获得国家自然科学奖一等奖、国家科学技术进步奖特等奖、何梁何利基金科学与技术进步奖等奖项。

执笔：黄敏华

# 汪忠镐

## 中国血管外科的开拓者

坚持真理，相信科学，尽心尽职地救治疑难危急重症病人，为血管外科发展添砖加瓦。

“嘘，不要出声！”父亲小声地嘱咐，“日本人就在附近。”3岁的汪忠镐和1岁的妹妹紧闭着双眼躲在坑道里，小小的身躯微微颤抖着，一动也不敢动，生怕引来日本人，此刻他们唯一能做的就是默默等待这场浩劫过去……多年以后，回想起这段童年往事，汪忠镐只有一个坚定的信念：“为了国家我绝对可以去拼命，而我的心中充满了对受苦受难的同胞无限的爱。”这也是他一生从医道路上始终不变的初心。

## 宝剑锋从磨砺出

1937年，抗日战争全面爆发。浙江萧山瓜沥大义村有一个婴儿呱呱坠地，这个婴儿就是汪忠镐。他出生于医学世家，父亲汪德坚早年因家境贫寒，14岁就离家到杭州城里的一家德国人开的诊所当学徒，他勤奋刻苦，到夜校学习，并成功考取了难度极高的医师执照。就在汪忠镐出生不久后，家乡沦陷，因不甘做亡国奴，全家跟随部队南下，成为难民。

逃亡的两年间，汪忠镐和家人曾有三次差点死在日本侵略者的屠刀下。他们从浙北到浙南，颠沛流离，目之所及，皆是满目疮痍、生灵涂炭、城镇荒芜、农田被毁……这些人间惨象在幼小的汪忠镐心中埋下了深深的伤痛，更坚定了他“国人需当自强”的信念，激发了他坚强不屈的意志。

1939年，汪忠镐一家终于结束了逃亡之路，在闽北山区浦城县安顿下来，在那里避难长达七年之久。那时，父亲汪德坚作为一名军医，日日夜夜救治受伤的军民。年幼的汪忠镐目睹了父亲悉心照料每一个病人的过程，病人康复的喜悦让汪忠镐的心里渐渐燃起了对医学的憧憬。抗战结束后，父亲回到家乡，创办诊所，在乡间奔走，救治病患。汪忠镐时常跟随父亲出诊，耳濡目染之下，他对医生这个神圣的职业产生了极为强烈的崇敬之情。

1953年，汪忠镐以优异的成绩考入了浙江省杭州第一中学（今浙江省杭州高级中学）。在校期间，他聪明好学，学习成绩优异，受到老师们的一致认可。经过三年的勤奋学习，汪忠镐在高考中取得了令人满意的成绩。或许是受到当时流行的“学好数理化，走遍天下都不怕”说法的影响，他起初填报了当时负有盛名的清华大学电机系。然而，当父亲得知这一消息时，十分生气，一怒之下动手打了这个一直以来引以为傲的儿子，要求他把志愿改成医学类院校。懂事的汪忠镐明白父亲的良苦用心。原来，父亲因旧时所学医疗知识有限导致无法救治更多的病人，深知接受系统医疗培训的重要性，于是希望儿子能弥补自己的遗憾。回想起童年动荡岁月的艰难困苦，汪忠镐立刻修改了志愿，最终顺利被上海医学院（今复旦大学上海医学院，简称“上医”）录取。

进入上医后，汪忠镐努力学习专业知识，积极参与下乡实践。不会静脉注射？那就加强练习，往自己身上扎，或者和其他实习生相互扎，他一身的本领就是这样练就的。汪忠镐在实习工作中格外勤勉刻苦，晚上宁愿牺牲睡觉的时间也要坚持巡视病房，对病人嘘寒问暖。毕业前，汪忠镐轮转到传染科病房实习。一天晚上，他正在值班室睡觉，突然一名护士急匆匆地推门而入，跟他说一位病人出血了。话音未落，汪忠镐立刻从上铺跳下来赶了过去，急得什么防护装备都没穿戴，一心只想救人。结果病人咳出的血溅了他一脸，尽管后来汪忠镐没有出现任何症状，但他也被勒令住院隔离半年。“这样的做法是错误的，但救人如救火，我现在还是这样，一有重症病人我就马上过去，这是在学校训练出来的，已经成为习惯。”谈及这次意外事件，汪忠镐虽自知操作存在不规范之处，但他心里只有病人，顾不了太多，因为在救治过程中，时间就是生命。

1961年，汪忠镐从上医毕业，随后被分配到北京协和医院外科学系担任住院医师，师从我国危重病医学的开创者、协和医院外科学系主任曾宪九教授，并先后在普外科、骨科、胸外科、脑外科、泌尿科、麻醉科等不同科室工作。他不遗余力地学习、钻研，病房、图书馆、病案室、手术台等地方时常出现他的身影。曾宪九教授被汪忠镐的创新精神、严谨的态度、热情与活力所打动，十分喜爱这名弟子，不仅悉心指导他，而且每次汪忠镐主刀做胃肠手术，曾教授还会充当其第一助手。在曾教授的指导下，汪忠镐选定了血管外科专业。此外，汪忠镐还师从吴英恺和裘法祖等医学大家，从这些名师身上获取了宝贵的精神财富。

汪忠镐对自己的要求极高，为了练习血管缝合技术，他连续几个小时弯着腰练习深部血管的结扎和缝合技术；为了使缝合达到“快、准、稳、柔”的要求，他自创了一种练习方法：将水盆里的两个漂浮物轻轻缝合。

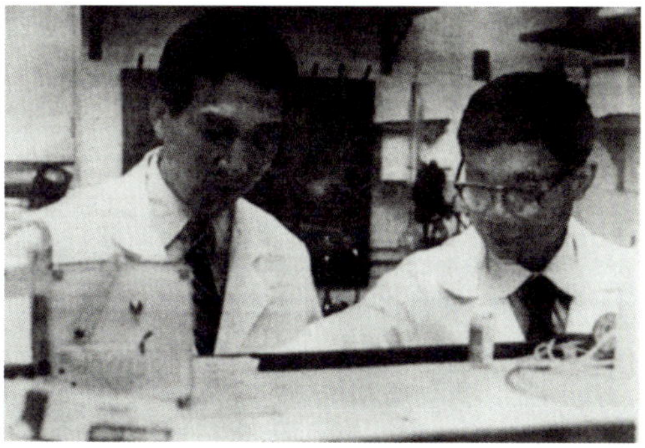

汪忠镐（右一）在美国杜克大学任访问学者

1970年，北京协和医院组建“626医疗队”奔赴大西北开展医疗援助，汪忠镐第一个报名，告别年轻的妻子和年幼的儿女，扎根大西北。唐山大地震时，他仍是第一个报名去救援的。他这样回忆道：“一大清早，我淋着雨从家赶到医院，带领6名学生立即出发。我们是第一批到达灾区的，一天到晚就是救人，在学生的帮助下，一天就做了43例手术。”

1979年，汪忠镐作为教育部委派的中国首批赴美学者之一，到美国杜克大学和北卡罗莱纳州立大学任访问学者，专修血管外科及其基础研究。其间，他深刻地认识到我国医学水平与世界先进水平之间的差距，于是如饥似渴地学习新知识和新技能，开阔了国际视野。两年后，他毅然放弃了国外优厚的待遇，选择回到祖国。他说：“只要我还在，就要在中国。需要我的人在哪里？不在美国而在中国。”

因为他童年遭逢国难，目睹过民生疾苦，他才知道强大的祖国对人民来说有多么重要，健康对一个民族来说有多么可贵。“宝剑锋从磨砺出，梅花香自苦寒来。”只有经历过的人才懂得这个道理，才会凭借坚定的信念干出一番伟大的事业。

## 不忍他人苦，方得仁术

孟子曰："人皆有不忍人之心。"汪忠镐将这一天然朴素的本性发挥到了极致。他从医的原则就是一切从病人出发，他一生追求的目标都是为病人服务，忧他人之忧。汪忠镐经常要求医护人员"要把躺在手术台上的病人当作自己"。

汪忠镐一生都在不断学习、不断创新、不断突破。当众人好奇他是如何练就精湛的医术时，他说："一个医生救病人，病人的痛苦对你有多大的触动，就能激发你多少救人的灵感。"只要有坚定的信念，一切障碍在他眼里都是可以跨越的。汪忠镐会做各种尝试，甚至做梦都在想着如何救治病人，直到想出可行的救治方案。有了这样的信念，怎么会没有创新的灵感呢？有一次，他在救治一名甲状腺肿瘤患者时，患者的食管在术后出现了一个洞，情况十分危急。汪忠镐通宵达旦地思考了好几天，终于想出了解决办法。他发明了球囊导管，用来治疗这种食管瘘病变，使该病的治愈率从36%提高至90%，如今这一技术已经广泛应用于医疗领域。正如他自己所说："医生的技术是怎么提高的？我觉得就是被逼出来的。"

还有一回，还是实习医生的汪忠镐接诊了一位急诊患者。患者的肚子疼得厉害，汪忠镐用手一摸，发现患者的肚子软软的，不符合做手术的条件，于是果断向上级医生请示，几个小时后才将患者推进手术室。手术中，汪忠镐发现患者的胃和肠子都是黑的，当时他对这种疾病还不太了解。其实，这种疾病在医学上被称为肠系膜缺血，但当时国内对这种疾病的认识还很不足，汪忠镐翻阅了大量资料，决心迈出第一步。1975年，汪忠镐完成了国内首例急性肠系膜上动脉栓塞取栓术，第一次把肠系膜缺血这个重大的医学概念引进中国，经过20多年的不断探索，制订出了一整套行之有效的诊断、治疗方法和预后评价标准，使该病的致死率从90%降至0。

汪忠镐不仅勇于做国内第一，还敢于做世界第一。

20世纪70年代，汪忠镐跟随“626医疗队”到甘肃为当地患者提供医疗援助，发现许多病人前来就医时挺着大肚子，肚子里充满腹水，一些医生却误将这种叫作布加综合征的疾病当作肝硬化来治疗，导致死亡率高达90%。汪忠镐就遇到了一位病人，他的腹围竟有159厘米，手都摸不到自己的肚脐眼。这种情况在临床实践中并不罕见，病人常出现呕血、大量腹水、下肢肿胀、皮肤溃烂等症状，非常痛苦。然而当时这种疾病的研究资料并不多，是世界公认的难题，手术部位周围大小血管交错，重要器官密布，根本难以下刀，甚至连病因和病理都没人能弄清楚，因此这种疾病被称为“外科禁区”。看到无数家境贫寒的病人身体受尽折磨，汪忠镐于心不忍，对他们产生了深深的怜悯之情，于是，他下定决心向这一医学“禁区”发起冲锋。

从1981年开始，汪忠镐及其团队经过20多年的潜心研究，在山东东平县进行了68万人的大样本流行病学调查，通过500多次复杂的动物实验，加上临床实践，终于弄清楚了布加综合征的关键症结是“大静脉向心回流时发生堵塞”。他们根据不同患者的情况，设计并筛

汪忠镐（前排右二）和血管外科的专家们讨论病例

选了20多种手术术式，这些术式还被收入牛津外科学和美国脉管学教科书。汪忠镐团队对布加综合征的病因、发病机制、分型和诊治原则等提出了系统的理论，使该病的致死率从90%降至5%以下，该病不再是“不治之症”。国际血管外科领域流传着这么一句话：“在布加综合征的综合治疗上，我们都没有资格发言，只有汪教授才是真正的权威！”可以说，汪忠镐团队的研究成果奠定了我国血管外科在世界医学领域的重要地位。

“横眉冷对千夫指，俯首甘为孺子牛。”晚年的汪忠镐做了一个在外人看来有些“冒险”的决定，他突然从血管外科领域跨到消化内科领域，钻研起了胃食管反流病。其实，这要从他与死神擦肩而过的事情说起。

2003年，“非典”肆虐，汪忠镐连轴转地救治病人，身体开始出现咳嗽、流鼻涕、打喷嚏等顽固性症状。几乎每晚两三点钟都会因剧烈咳嗽、咳痰而惊醒，夜不能寐，他曾五次被送进抢救室，情况十分危急，甚至一度被下达“病危通知书”。刚开始，每次都被诊断为哮喘、过敏性鼻炎，可是后来咳嗽症状愈发严重，无法根治，汪忠镐便对这一诊断结果持怀疑态度。

直到2005年，汪忠镐在美国参加国际血管联盟会议，其间一位消化科医生提醒他，这种顽疾很有可能是胃食管反流病。所谓胃食管反流病，就是由胃内容物反流入食管引起的疾病。常见的典型症状包括胃灼热和反流，亦可引起耳、鼻、喉等相关症状。而当时国内的医生对它的认识还十分有限。于是，汪忠镐查阅了大量文献资料，愈发认定自己患的就是胃食管反流病，随后他主动到消化科做了检查，确认了该疾病的存在。为了根治该疾病，2006年，他前往美国做了腹腔镜胃底折叠术，疾病被成功治愈。

这次亲历的事件让汪忠镐深刻意识到准确的诊断和治疗是多么重要！医生必须以病人的利益为先，以精益求精为本，才能切实减少误诊和误治。于是，大病初愈的他在69岁高龄时投入了对胃食管反流病的研究。他说：“必须还原该病的本来面目，一定要拯救和我一样的病人。”2006年4月，中国人民解放军第二炮兵总医院（今

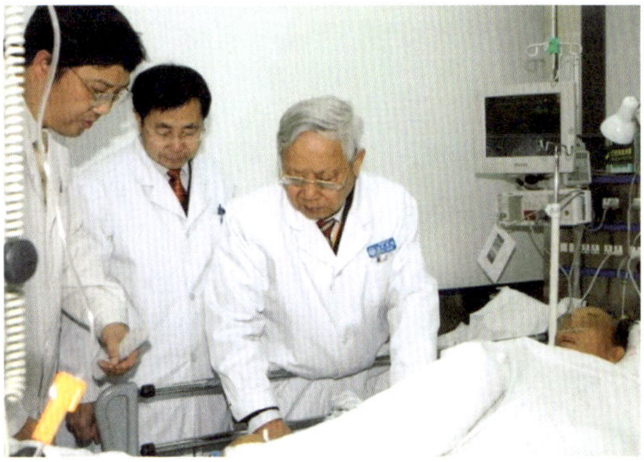

年事已高的汪忠镐（右一）仍然坚持工作在临床第一线

中国人民解放军火箭军总医院）成立了国内首个“胃食管反流病中心”，汪忠镐被聘为该中心主任。他提出了具有里程碑意义的新概念——“胃食管喉气管综合征”，开创了我国胃食管反流病专科治疗和多学科诊治的全新局面。汪忠镐接连组建了十多个胃食管反流病中心，使胃食管反流病诊治队伍不断壮大。

汪忠镐表示，自己对任何重大疾病的攻克都来源于病人的需求，病人需要什么，他就研究什么。“一切为了病人”在汪忠镐心目中并不是一句冠冕堂皇的空话，而是实实在在的内在动力。

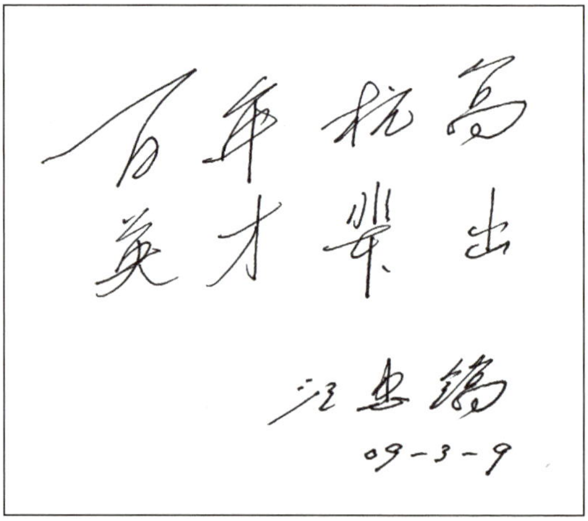


汪忠镐赠送给母校的题词

## 精神闪耀

童年时期目睹家国动荡、民不聊生，在汪忠镐心中深深埋下一颗“疗救”的种子。他的一生都在救治受苦受难的病人，他能与病人感同身受。他最为信奉的一句话是“横眉冷对千夫指，俯首甘为孺子牛”，事实证明，他出色地践行了这一救国救民的理念。

拳拳爱国心，殷殷报国志。汪忠镐坚定地选择学成归国，多次拒绝国外的优厚待遇，坚守祖国的医学阵地。他说：“我到国外去就是为了进行交流，把好的东西带回来，同时也让外国人知道中国也有好东西。”

他兢兢业业，潜心治学。汪忠镐时常工作到深夜，个人生活却极为简朴，为了节约上下班时间，他干脆在办公室里放置了一张简易单人床，和衣而睡。即便是外孙女从美国回来，他也很难抽出时间回家与亲人团聚。可以说，他的一颗心都放在病人身上，真正做到了舍己为人。

对待病人，他有厚德大爱。大西北医疗援助、唐山大地震救援……他都第一个主动报名。汪忠镐始终坚持义诊，即便已是80多岁高龄，也常到一线了解疾病现状。不论是攻克布加综合征，还是年近古稀开始探索胃食管反流病，他始终以满足病人的需要为第一目标。

## 院士小传

汪忠镐（1937—2023），浙江萧山人，血管学家，中国科学院院士。

1956年，汪忠镐毕业于浙江省杭州第一中学，并考入上海医学院。2005年，汪忠镐当选为中国科学院院士。

汪忠镐一生致力于血管外科的研究与实践，主要从事动脉造影及内皮细胞种植人工血管的研究，他在布加综合征、大动脉炎等血管疾病的研究和治疗方面达到了国际领先水平。他创新了多种手术方法，建立了全方位诊治体系，显著降低了手术死亡率，并推动了我国血管外科事业的国际化进程。汪忠镐晚年还致力于胃食管反流病的多学科联合诊疗的研究，为患者带来了福音。获中华医学会外科学分会杰出贡献奖、国际血管外科学会终身成就奖、国家科学技术进步奖二等奖等奖项。

执笔：陈轶昀

# 汪集暘

## 地热能源科学的先锋

科学是来不得半点虚假的，只有孜孜以求、不懈努力，才能攀登高峰并达到科学上的“真、善、美”的境界。

“舅舅，以后我也要报考地质学！”时任浙江大学地理系教授的朱庭祜听到外甥填报的高考志愿是地质学专业，感到十分欣慰。那年国家正在进行勘测研究，准备建设新安江水电站，他相信自己的外甥汪集旸一定会在水电方面有所建树。然而汪集旸之所以报考地质学，实际上是因为羡慕舅舅在工作时可以经常“游山玩水”，正是出于这种年轻人爱玩的心性，汪集旸报考了北京地质学院（今中国地质大学），但他也用自己的一生生动地诠释了“择一事，终一生”的理想信条。

## 书香世家，地热伊始

苏州历史上曾诞生过50多位状元，如今又走出100多位院士，涌现出的历史名人可谓是灿若繁星。1935年，汪集旸出生于如诗如画的江苏吴江（今苏州市吴江区）。在书香浓郁的环境里长大的他，从小便刻苦好学，品学兼优。

汪宅位于铜罗古镇，粉墙黛瓦的苏式民居静立在河畔，淡如水墨，空气中似乎还有远处飘来的略带甜腻的香气，耳边摇橹船吱呀作响，仿佛在述说着江南水乡独有的浪漫。

“那时我的祖父母还健在，祖父在南街上开了一家杂货店，专门卖炒货、杂货，我有时跟着他去店里，祖父就包一包南瓜子给我吃。”虽时隔多年，汪集旸却未曾忘记当时南瓜子的香味。他从迎春桥头走出，走向世界学术舞台。每每回忆起这段在老宅度过的岁月，仍会不由自主地展露笑颜。

汪集旸在战争年代仍能接受良好的教育，得益于他的父母。汪集旸出身于书香之家，他的父亲自东吴大学（今苏州大学）毕业后到杭州工作，在两浙盐务管理局（当时浙江分为浙东和浙西，故称“两浙”）担任会计。他的母亲是上海浦东人，毕业于苏州女子师范学校，后到吴江县立严墓小学（今苏州市吴江区铜罗小学）教书，担任过七年校长。1937年日寇全面侵华，年仅3岁的汪集旸不得不跟随家人逃难至昆明，一路颠沛流离，背井离乡长达八年之久。

但在漂泊的过程中，汪父和汪母仍坚持将汪集旸送进当地的小学就读。当时汪集旸住在父亲的工作单位云南盐务管理局的宿舍里，宿舍在南强街上，离南屏、大光明两家电影院颇近，年幼的汪集旸在放学回家的路上总要去看看电影院的广告，遇上新电影上映，便去一饱眼福，有时父亲下班后还主动带他去看电影并给他讲解其中的英文台词，这也成为汪集旸学习英文和了解世界的重要途径。

1945年抗战胜利后，汪父所在的单位迁回杭州。随后汪集旸进入杭州的一所私立学校宗文中学就读，未满三个月便得了伤寒。汪集旸休学一年，身体才得以康复。那时汪母正带着两个弟弟在苏州的铜罗古镇居住，于是将汪集旸送至家乡最好的震泽育英中学学习。震泽育英中学在当地赫赫有名，“两弹元勋”杨嘉墀、半导体专家施敏等均毕业于该校。

然而，他与杭州的缘分并未就此终结。中华人民共和国成立后，汪父被调到浙江省卫生厅工作，一家人由此搬到了杭州，随后汪集旸考入了浙江省立杭州高级中学（今浙江省杭州高级中学，以下简称“杭高”），在此度过了他的高中生涯。杭高具有优良的校风和浓厚的学习氛围。当时凡考入杭高的学生，无论是本市人还是外地人，一律要求住校，统一作息时间。杭高注重理科的学习，在这种大环境的熏陶下，汪集旸的兴趣逐渐转向理科。汪集旸在高中时期获得了丰富的理科知识，形成了浓厚的学科兴趣，这为他后期地质学的学习和深造打下了坚实的基础。

汪集旸当时借住在舅舅朱庭祜家中，而他与地质学的结缘正来自他的舅舅朱庭祜。1913年，朱庭祜考入北京工商部地质研究所，其所在的班级培养了中国第一批地质人才，毕业的十八人在中国地质史上被称为“十八罗汉”。

中华人民共和国成立初期，朱庭祜在浙江大学地质系任教，当时浙江大学的校长是竺可桢先生。由于朱庭祜在美国读研时考察过一些大坝的工程地质，因此20世纪50年代初，国家准备兴建新安江水库时，他经常带着学生去工地考察，并带回不少标本。

汪集旸看见舅舅每次外出总能“满载而归”，心中羡慕不已，他觉得学地质可以“游山玩水”。因此在高考填报志愿时，汪集旸选择了北京地质学院。正是在种种机缘巧合之下，汪集旸叩开了地质学的大门，并最终将其当作毕生的事业。

汪集暘在北京地质学院学习时，系主任袁见齐教授曾陪着朱庭祜探望过他。舅舅叮嘱汪集暘要学好地质学基础课程，注重野外地质实习，并以自己的实际经验和亲身体会教导他。除此之外，在日常交往中，朱庭祜也经常和汪集暘谈论地质学大家。舅舅为人谦和，待人诚恳，为地质事业奉献一生，令汪集暘深受触动。

1958年，汪集暘获得了公费赴苏联学习的机会，他知道这是一次快速成长的好机会，因此异常珍惜这次机会，时常废寝忘食地学习。他于1962年7月获得莫斯科地质勘探学院地质矿物学副博士学位，并于同年10月回国，任职于中国科学院地质研究所。汪集暘很尊重和感激舅舅，当他毕业回国时，还专程去舅舅家，向舅舅汇报自己在苏联学习及生活的情况。

20世纪70年代，李四光教授提出地球是一个庞大的热库，有取之不尽、用之不竭的能源，受此启发，汪集暘将研究方向从水资源研究正式转向地热研究，开启了他为之奋斗终身的事业。

## 择一事，终一生

一生择一事，一事终一生。向地球深处要热能，发展“地热+资源配置”，使“天（太阳能）地（地热能）合一、动（风能）静（地热能）结合”，让地热能与其他可再生能源互补，实现综合利用，推动我国新能源与可再生能源的发展，造福千家万户，这是汪集暘毕生奋斗的目标。

1971年底，汪集旸开始了地热研究。一方面，当时国际上出现了石油危机，各国都在积极探索新能源，地热能便是其中之一。另一方面，平顶山煤矿出现了井下热害问题，亟待解决。于是汪集旸积极投身地热研究中，他像舅舅朱庭祜一样，重视实践，并且在实践中掌握了一大批地温数据及岩石热物理性质参数，为地热学理论的研究打下了坚实的基础。

1979年，汪集旸作为中国科学院首批派遣的访问学者，在美国进修了两年。第一年汪集旸担任美国弗吉尼亚理工大学地学系访问教授，他与柯斯坦教授合作，参与了美国东部大西洋沿岸中低温地热资源的评价项目。在工作过程中，他发现美国东部地热资源分布与华北盆地极为相似，汪集旸就将自己在华北地区的研究成果做了介绍并指出一些可供借鉴之处，为柯斯坦教授的项目助一臂之力，柯斯坦教授对汪集旸也大为赞赏。第二年汪集旸前往美国地质调查所任高级客座研究员，他从布鲁克院士身上学到了不少地热理论知识。

1981年回国后，汪集旸继续从事地热研究工作。在理论地热学研究方面，汪集旸提出中国地热场具有“东高西低”“南高北低”的分布特征；指出产生西部“热壳冷幔”、东部“冷壳热幔”岩石圈热结构的深部地质背景和大地构造环境；在此基础上还划分出我国岩石圈热结构的5种类型。

汪集旸回国后接手的第一项任务就是进行辽河油田的古今地温研究，通过3年的野外考察和室内分析工作，他圆满地完成了石油工业部委托的科研任务。在工作中，汪集旸提出了油田地热研究的三条基

1995年，汪集旸（中）出席世界太阳能高级专家会议

2004年，汪集旸在新疆考察沙漠引水渠道工程

本原则。这一研究思路和工作方法受到油气产业部门和工业系统的高度认可和赞赏，以至在以后“八五”“九五”计划期间的天然气及塔里木油气攻关，以及中国石油天然气总公司和中国海洋石油总公司的重大科技工程项目中都取得了很好的成效。

汪集旸对中国地热资源分布规律及资源潜力评价进行了深入研究，提出了“中低温对流型地热系统”的概念；对矿山地热进行深入研究，提出中国矿山地温类型划分方案，以及矿区深部地温预测和灾害防治措施；对油田地热进行研究，阐释了中国不同类型含油气盆地的构造—热背景及其相应的油气资源潜力，并根据温压条件对南海天然气水合物的分布进行了预测，指出稳定带的分布及其厚度。

在勇攀地热高峰的路上，汪集旸并不是孤身一人，他培养了一代代优秀的地热学家。“‘汪门地热’我是第一代，我培养的学生是第二代，现在第三代都在带研究生了，我们已是‘四世同堂’了。”科技创新推动着地热能的高效开发利用，从事地热能研究的科研人员也随之增多，汪集旸将地热研究心得和科技创新精神传递给他的学生，他的学生又传递给了自己的学生，“汪门地热”由此成为地热研究的重要学派。“汪门地热”中的不少后辈已成为国内外地热和水文地质学界的中坚力量，并在各个重大科研项目中承担重要工作。

玉兰吐蕊，翰墨飘香。已至耄耋之年的汪集旸仍在从事地质学研究，他几乎天天都要到中国科学院地质与地球物理研究所上班，联系有关单位，了解各地能源项目的进展情况，解答学生在科研中遇到的各种问题。几十平方米的空间里，摆放得最多的是书籍，其中绝大部分是能源、环境等领域的研究性书刊。墙上，中国美术家协会著名书画家李兵手书的“地热大家”四个字格外显眼，这四个字不仅仅是对汪集旸的赞誉，也凝结着汪集旸奋斗一生所付出的心血。

汪集旸接受采访的照片

自从汪集旸与地热、能源打上交道，他就没有一刻停歇过。从20世纪70年代奔赴地热田、矿井，到成为国际地热协会主席团成员，再到担任国际热流委员会委员，可以说，汪集旸的学术生涯与地热紧紧地联系在了一起。正如他自己所言，科学是来不得半点虚假的，只有孜孜以求、不懈努力，才能攀登高峰并达到科学上的“真、善、美”的境界。

戴民汉（左一）、汪集暘（左二）、李德生（右二）、杨树锋（右一）合影

## 精神闪耀

汪集暘在地热理论和应用研究方面有着深厚的造诣，在国内外发表了大量学术论文和专著，荣获多项科学技术进步奖。他重视青年人才的培养，已培养博士研究生、博士后研究人员40余人。1991年、1993年两度被评为中国科学院优秀博士生导师。2004年，荣获“全国优秀博士学位论文指导教师”称号，并获中国科学院优秀导师奖。他的学生中不少已是国内外地热和水文地质学界的中坚力量，其中两名博士研究生荣获2011年国家杰出青年科学基金的资助。

多年来，汪集暘在科学事业上砥砺奋进，长期从事水文地质和地热研究，在地下水和地热资源开发利用方面做了大量工作，为中国水文科学的发展作出了杰出贡献。2008年，他参与中国科学院院长路甬祥领导的能源科技路线图的编制工作，以及在我国开展的深部地热资源调研和开发利用的前期研究工作，该成果已列入《中国至2050年能源科技发展路线图》。

汪集暘在地热科学领域的贡献是巨大的，他提出的许多理论和方法已经成为行业标准。他始终关注地热资源的开发和利用，为中国的能源转型和可持续发展贡献了智慧和力量。

他说：“只要我还活着，我就会继续工作，继续为地热学贡献力量。”

## 院士小传

汪集暘，1935年10月出生于江苏吴江，地热、水文地质学家，中国科学院院士。

汪集暘于1956年毕业于北京地质学院水文与工程地质系，1962年7月获莫斯科地质勘探学院地质矿物学副博士学位，1962年10月起任职于中国科学院地质研究所。1995年当选为中国科学院院士。

汪集暘长期从事地热理论和应用研究，在大地热流、深部地热、地热资源及油田—矿山地热等方面作出了突出贡献。获得国家科学技术进步奖二等奖1项、中国科学院及其他部委自然科学奖及科学技术进步奖一等奖4项、刘光文科技成就奖、何梁何利基金科学与技术进步奖以及李四光地质科学奖荣誉奖。

执笔：吴彩玉

# 沈允钢

## 提高植物生产力的光合巨擘

科研是一个“去粗存精、去伪存真、由此及彼、由表及里”的探索过程，对于一个科学工作者来说，要不断开拓创新，不能亦步亦趋。

在那不经意的午后，《化学趣味故事》仿佛一道光，悄然降临到沈允钢的世界。冥冥之中仿佛有一双无形的手轻轻拨动了命运的琴弦，引领他踏上了深入研究光合作用这条道路。这是一次偶然的邂逅，更是命中注定的轨迹。

从这本书的启迪开始，他继而以温柔而坚定的笔触，撰写了多部著作；以个人对化学的热爱为起点，他将这份热爱进一步扩展到科学普及的广阔领域。他化身为知识的匠人，将植物光合作用奥秘的种子播撒到每一个角落，激励着一代又一代青少年踏上科学探索的旅程。

## 红墙岁月：趣味故事中的化学奇缘

1927年12月25日，岁末的寒风轻拂过杭州，却也难掩那份江南地区独有的温婉与雅致。在这个银装素裹却又蕴含着无限生机的日子里，沈允钢降生在杭州市湖墅枯树南湾的一个商人家庭。沈允钢的诞生，就像是冬日里的一株嫩芽，预示着勃勃生机与无限可能。

彼时，山河虽飘摇于风雨之中，但他的心灵却如同江南水乡的一株青莲，不染尘埃，向着光明与知识的彼岸奋力生长。

自幼年起，他便置身于列强侵略、山河破碎的动荡中。随着日军的步步紧逼，他被迫辗转于杭州与上海两地艰难求学。在杭州德胜桥小学短暂就读后，面对战争的阴霾，他随家人四处逃难，从杭州乡村到临安，再到上海租界，每一次迁徙都伴随着对知识的渴望和对未来的不确定。在上海租界短暂的安稳日子里，沈允钢没有放弃学习，尽管条件艰苦，他依然利用一切可能的机会专心汲取知识。然而，好景不长，随着上海租界的沦陷，他再次踏上归途，回到杭州，在一所中学艰难维持学业。这个特殊的时代背景，这段特殊的人生经历，铸就了他坚韧不拔、自强不息的精神，也在他心中悄然埋下了献身科学、报效国家的种子。

终于，1946年，沈允钢转入浙江省立杭州高级中学（今浙江省杭州高级中学，以下简称“杭高”），度过了他高中后半段宝贵的求学生涯。在沈允钢的记忆里，这段时光宛若贝壳中精心孕育的珍珠，经过时光打磨更显温润光亮，璀璨夺目。他后来曾感慨万分地说：

2019年6月1日，沈允钢（中）与杭高师生合影

“杭高，是我一生中真正意义上认真学习的起点。”杭高，这所当时被誉为“江南四大名校”之一的学府，不仅以其严谨的校风、深厚的师资深深吸引着他，更点燃了他心中对化学的好奇与热爱。

每当夕阳西下，天边最后一抹晚霞也悄然隐去时，杭高便沉浸在一片静谧之中。古朴的红墙在月光的轻抚下更显庄重与神秘，仿佛每一块砖石都承载着丰富的人文历史。校园里绿树成荫，微风拂过，树叶沙沙作响，与远处偶尔传来的虫鸣交织成一首悠扬的夜曲。月光透过稀疏的云层，洒落在甬道上，皎洁而柔和，为静谧的夜晚增添了几分诗意。

晚自习时间，是沈允钢最为珍惜的时刻。在昏黄的灯光下，他埋头于书本，认真完成着老师布置的作业。完成当天的作业后，他总会迫不及待地拿出表哥赠送给他的《化学趣味故事》。这本科普读物，对他而言，不仅是知识的宝库，更是打开奇幻化学世界大门的钥匙。

在这里，面包的烘烤不再是简单的加热过程，而是碳元素华丽转身的见证，木炭的香气中藏着分子间的奇妙反应；金属表面锈迹斑斑，不再是单调的衰败，而是氧与金属元素共舞的印记。那些看似平平无奇的物质，实则在社会生活的各个角落发挥着不可替代的作用，从农业肥料到工业制造，无一不彰显着化学的实用价值与深远影响。

沈允钢仿佛被一股无形的力量牵引着，他的心灵随着文字的跳跃而飞扬，时而惊叹于金属与酸的奇妙反应，时而沉浸于元素周期表的奥秘之中。他甚至会拿出纸笔，尝试画出那些实验中奇妙的现象，或是记录下自己突然萌发的实验设想。每一次记录，都是一次心灵的旅行；每一次翻阅，都是一次自我探索。他深知，化学不仅是一门学科，更是一种观察世界、理解世界的方式，它让平凡的生活不再单调，让每一个细微之处都充满了探索的价值与意义。

在晚自习的间隙，沈允钢也会与周围的同学分享自己的发现与感悟。他们几个人围成一个圈，就像是一群好奇的小松鼠，围坐在化学森林的秘密树下。加入这场化学盛宴的同学，有的绘声绘色地描绘自己想象中的氯气“魔法师”如何施展漂白魔法，让毫不起眼的物体重新焕发光彩；有的则闭眼冥想，仿佛自己就是那轻盈飘起的肥皂泡，在蓝天白云间自由穿梭，探索着张力与浮力的奥秘……

在这样的夜晚，知识的种子在欢声笑语中悄悄萌芽，而友情的花朵也在不经意间绽放。沈允钢不仅收获了知识的宝藏，更在这份共同的探索与分享中，感受到了同窗间纯真无邪的情谊。这些瞬间如同杭高校园里的一缕清风，温柔地拂过心田，给沈允钢留下了难以忘怀的美好记忆。

1947年的盛夏，当毕业的钟声悠扬地回荡在杭高蔚蓝的天空之下，红墙绿瓦间仿佛也染上了一层离别的温柔色彩。此时，沈允钢的心中不仅饱含着对母校那段青葱岁月的深刻眷恋，更怀揣着对化学世界无尽奥秘的炽热向往。当时他报考了浙江大学、北京大学和南京药学高等专科学校等六所高校。鉴于浙江大学离家近，自己也爱好化学，于是在那个秋风送爽的季节里，他满怀憧憬地叩开了浙江大学农业化学系的大门，开启了人生的新篇章。

## 绿野追踪：从书本到田野的科研跨越

在浙江大学的四年求学生涯，犹如一场绿野追踪的序章，悠长而明媚，沈允钢完全沉浸在浙江大学农业化学系深厚的学术氛围中。钱人元、朱祖祥、谈家桢等大师的光芒，照亮了他前行的道路。每一次实验、每一场讨论，都让沈允钢感到前所未有的充实与满足。在这份享受之外，他心中更藏有一份对未来的憧憬——他渴望毕业后将这四年所学的知识与实践紧密地结合在一起。

1951年8月，沈允钢从浙江大学的校门走出，叩开了中国科学院实验生物研究所植物生理研究室的大门。此时他的心中既怀揣着对未来的无限憧憬，又充满着对未知领域的迷茫与抵触。由于所学专业不同，沈允钢最初觉得那些微观世界里的绿色奇迹与他格格不入。

植物需要光来滋养生命，人亦需要光来照亮前路。殷宏章先生便是沈允钢人生道路上的那束光。

1953年，中国光合作用研究的先驱、中国植物生理学主要奠基人之一殷宏章先生从印度回国，加入中国科学院实验生物研究所植物生理研究室从事生物化学研究。也许是命运的安排，沈允钢被分配到殷先生领导的研究组，从事小麦和水稻开花后籽粒中淀粉合成的生化研究。

殷先生认为，科研之路，荆棘密布，“山重水复疑无路”之景屡见不鲜。然而持之以恒，心系科研，伴随着科技的飞跃与认识的深入，终将拨云见日，步入“柳暗花明又一村”之佳境。沈允钢起初并不理解这段话，只是将殷先生的教诲牢记在心中，后来在一次又一次的“绿野追踪”中，他才慢慢领悟了其中的道理。

殷宏章先生深知“兴趣是科研最好的老师”，他并未粗暴地强迫沈允钢进行光合作用的深入研究，而是巧妙地安排了一次实地考察。那是一个阳光明媚的日子，殷先生温和地向沈允钢提出了一个挑战——进行一项田间试验，旨在分析水稻籽粒中淀粉合成的物质来源。

那天的田野里，有一个青年，手中紧握着测量仪器，穿梭于稻穗之间，满头大汗地记录着每一个数据。通过测定，沈允钢认识到，原来籽粒中的物质基本上是开花后由光合作用形成的。自此以后，他对光合作用在提高作物产量方面的重要性有了更加深刻的认识。

1954年，沈允钢将科学研究的目光聚焦于小麦和水稻籽粒发育过程中淀粉合成及分解酶活性变化与生理过程的联系。此前，国际学术界已有著名学者海伦·波特提出的β-淀粉酶对磷酸化酶具有直接抑制作用的论断。

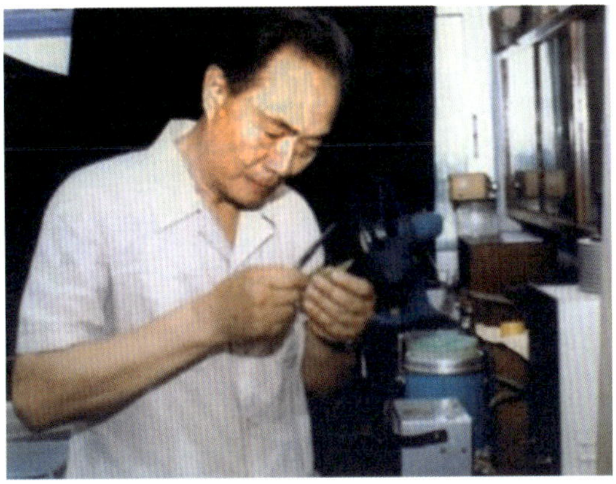

沈允钢在实验室研究光合作用机理

沈允钢深知，科学的真谛在于不断地探索与发现，而非盲目地跟随与重复。在细致入微地观察小麦和水稻籽粒逐渐成熟的过程中，沈允钢敏锐地捕捉到了一个不同寻常的现象：即便是在淀粉储量显著增加的时期，淀粉酶的活性非但没有减弱，反而保持着旺盛的状态。这一发现激发了他对β-淀粉酶及其代谢产物麦芽糖在生理过程中具体作用进行深入探究的兴趣。在不懈的努力下，他逐渐揭开了这些物质的神秘面纱，并提出了一个颠覆传统认知的学术观点——β-淀粉酶是通过迅速分解作为引子的淀粉来影响磷酸化酶合成淀粉的能力的。这一观点的提出，是对海伦·波特先前提出的论断的有力挑战。

在一次又一次的科研探索之中，沈允钢的兴趣慢慢被激发出来。他崇尚“不唯书、不唯上、不唯权威，只唯实”的治学理念，下定决心在科研中力求去粗存精、去伪存真，进行由此及彼、由表及里的探索。

随后，他又将研究的目光投向了小麦。他再次踏入田间，这一次，他的目标是测定小麦籽粒中的物质来源及小麦旗叶的光合作用。在上海的田间，他惊讶地发现，尽管小麦旗叶看似生长正常，但其光合作用却微乎其微。随后，他带着同一套测量设备来到河南，却观测到小麦旗叶的光合作用显著增强。这一强烈的反差，让沈允钢陷入了沉思。他眉头紧锁，眼神中流露出对这一现象的困惑。他意识到，这种光合作用效率的巨大差异，很可能是河南小麦亩产量远远高于上海小麦的关键原因。

然而，当时的技术条件阻碍了沈允钢进一步探究的脚步。没有合适的设备可以带到野外进行光合作用测定，这让他感到无比苦闷与无奈。他找到殷先生，将自己的困惑与苦闷一一道出。殷先生听后，并未直接给出答案，而是以一种循循善诱的方式开导他："科研之路本就充满荆棘与挑战，但只要我们坚定信念，便能'柳暗花明又一村'。"既然已经体会到了光合作用研究的重要性，那么就应该下定决心，从光合作用的基本理论开始研究。

殷先生的话语如一股清泉滋润了沈允钢的心田，让他重新燃起了对科研的信心与热情。他开始投身于光合磷酸化的研究中，与团队成员分工合作、共同努力。经过近一年的辛勤耕耘与不懈探索，他们终于完成了光合磷酸化量子需要量的测定工作。1960年秋，殷先生带着凝聚团队心血的工作报告，参加了第五届国际生物化学会议。在那个全球科学精英齐聚的舞台上，尽管众多实验室也已完成了类似的研究，但殷先生团队的成果依旧引人注目，赢得了广泛的认可与赞赏。

此时的沈允钢感慨万千，高中时期他对化学的那份朦胧兴趣，在此刻变得异常具体而生动。殷先生的教诲如同春雨般润物无声，滋养了沈允钢心中对科学探索的渴望。从泛黄的书页到广袤的田野，他亲眼见证了绿色生命的奥秘，亲历了光合作用如何默默地为大地披上绚烂的外衣。这一过程，让他完成了从"对光合作用没兴趣"到"彻彻底底的光合迷"的转变。

沈允钢说："我国部分资源人均占有量远低于世界平均水平，人均耕地面积仅为世界平均水平的三分之一，更需要加强光合作用研究来提高作物的产量和改善环境。"在他看来，无论从事何种研究，首要的任务便是思考如何最大限度地为祖国服务，用科技的力量促进国

沈允钢（左一）在海拔近四千米的青海达坂山测量盆栽小麦的光合作用

家的繁荣与进步。正是这份强烈的责任感和使命感，驱使沈允钢不断地在光合作用机理与生理的研究领域大胆探索、勇于创新。

微光之所以成炬，是因为红墙岁月中小小的梦想被付诸行动，是因为“绿野追踪”时日复一日的创新与坚持。沈允钢深入探索光合作用，真正做到了追随“光”、成为“光”、发出“光”。

## 精神闪耀

杭州，这颗镶嵌于江南水乡的璀璨明珠，自古便以“人间天堂”的美誉闻名遐迩。西湖的碧波荡漾、钱塘江的波澜壮阔、六和塔的巍峨、灵隐寺的幽静，共同勾勒出一幅幅动人心魄的山水画卷。这片钟灵毓秀之地孕育了一代又一代的杰出人物，从明代民族英雄于谦到现代著名科学家钱学森，无数名人雅士的足迹遍布杭城。而沈允钢，这位在光合作用研究领域取得杰出成就的科学家，亦诞生于此，自幼便浸润在杭州浓厚的人文气息之中，汲取着这片土地赋予的智慧与灵感。

沈允钢的学术征程，在浙江大学的求学生涯中迎来了升华。彼时的浙大校园，求是书院内书声琅琅，竺可桢像前学风肃然，他浸润于这片以“求是”为魂的学术沃土，将青春的热忱倾注于科学探索之中。他回忆道：“浙大讲究‘博学之，审问之，慎思之，明辨之，笃行之’，实验室的灯常亮至深夜，师生共研一题、共辩一理是常态。”在图书馆的浩瀚书海中，他如饥似渴地汲取知识；在导师的严谨指导下，他初窥科研门径，从基础实验到理论推演，每一步都烙印着“求真务实”的浙大精神。

这段岁月不仅锤炼了他缜密的科学思维，更塑造了他“板凳甘坐十年冷”的治学态度。玉泉的晨曦与星辉，见证了他从青涩学子向科研新锐的蜕变，也为日后他在光合作用领域的突破埋下了伏笔。

## 院士小传

沈允钢，1927年12月出生于浙江杭州，植物生理学家，中国科学院学部委员（院士）。

沈允钢1951年毕业于浙江大学农业化学系。曾任国际光合作用委员会委员和亚非国家执行主席，联合国环境规划署中国区域中心负责人，中国植物生理学会副理事长、理事长等职。1980年当选为中国科学院学部委员（院士）。

沈允钢是光合作用研究领域的杰出科学家。他深耕光合作用机理与生理研究，发现了植物光合磷酸化过程中“高能中间态”的存在，在能量转化功能与膜结构的关系、光合机构运转及调控等领域开展了大量卓有成效的工作，为我国植物生理学研究作出了十分重要的贡献。沈允钢有近百篇论文被SCI（科学引文索引）收录；撰写《动态光合作用》等著作7部，参与编写国际著作3部；获得国家自然科学奖二等奖1项。

执笔：黄敏华

# 沈家骢

## 中国高分子化学、超分子化学的开拓者

必须做国家需要的东西，做社会需要的东西，这就是你选择专业及以后工作的一个基本原则。

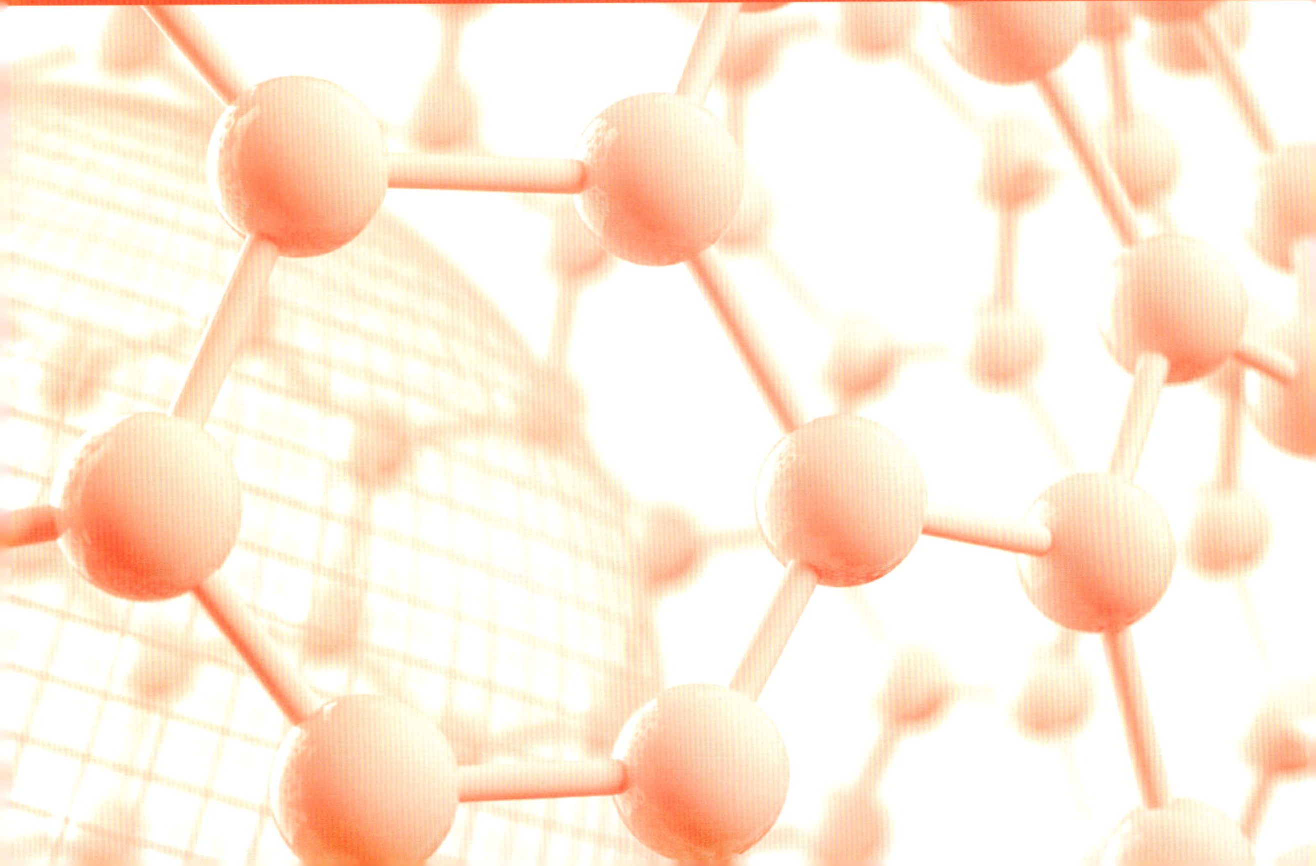

一个冬日的早晨，天蒙蒙亮，浙江省立建国中学（今浙江省杭州高级中学）甬道旁的操场上传来少年琅琅的读书声，手捧着书的正是沈家骢。家庭的拮据让他更加珍惜这难能可贵的读书机会，他想通过自己的努力为家庭减轻负担。

## 志存高远，勤勉向学

1931年农历九月初三，沈家骢出生于浙江省绍兴市。他的父亲是一名律师，原本家境还算富裕。然而，就在他降生前夕，日军悍然侵略东北，制造了震惊中外的九一八事变，国家因此进入了一段黑暗混乱的时期，民众的生活饱受煎熬，沈家的生活也开始拮据。七七事变后，民族危机进一步加剧，民众的生活愈发艰难。在民族存亡的危急关头，“天下兴亡，匹夫有责”的使命感与“弱国无外交”的惨痛教训，深深烙印在沈家骢幼小的心灵中，激发了他为国家与民族的复兴而勤奋读书的雄心壮志。

1940年，十岁的沈家骢凭借优异的成绩，被绍兴县立中学（今绍兴市第一初级中学）破格录取。在校期间，他勤勉不辍，惜时如金。然而，好景不长，随着绍兴的沦陷，沈家骢的求学之路也遭遇了前所未有的挑战。日寇肆虐让本就拮据的家庭雪上加霜，沈家骢的学业也因此时断时续。直到抗战胜利的曙光初现，沈家才得以迁居杭

# 之江院士成長之路

## 求是菁华

院士语录

## 朱位秋

力学专家，中国科学院院士

新中国的建设，需要更多年轻人投身科学事业，奉献青春，我给自己定下了当科学家的目标，从此不忘初心。

一定要精益求精，勇于挑战别人不敢做的事。不管在哪一行，只要做到精益求精，就成了专家。

我建议人们追求有限的目标，不要什么都想尝试，浅尝辄止，而是要盯准一个方向，最多两个方向，执着追求。

## 许绍燮

地震学专家，中国工程院院士

探索地震预报的人，应该庆幸自然界有地震预报这个大难题让我们持续探索，使我们可以获得持续的快乐与幸福。

急国家所急，研国家所需。

除了这份（对地震学研究的）热爱，我仿佛已忘却了世间的其他纷扰。

## 孙优贤

工业自动化专家，中国工程院院士

我对自动化产业的未来发展充满信心，未来在高端自动化领域的突破和应用将是主要的发展方向。

除了个人的努力之外，我要感谢党，感谢国家，感谢这个伟大时代为我们这一代人提供的良好的外部环境和做学问、搞科研的有利条件，没有这些，我不可能取得今天的成绩。

## 李德生

石油地质学家，中国科学院学部委员（院士）

要有实事求是的科学态度。坚持真理、独立思考，是一个科学家应该具备的品质。

六十余载光阴，我目睹了我国石油工业由小到大、由弱变强，直至现在跃居世界前列的过程，我们这辈人总算对国家和人民有了一个交代！

## 汪忠镐

血管学家，中国科学院院士

坚持真理，相信科学，尽心尽职地救治疑难危急重症病人，为血管外科发展添砖加瓦。

一个医生救病人，病人的痛苦对你有多大的触动，就能激发你多少救人的灵感。

## 汪集暘

地热、水文地质学家，中国科学院院士

科学是来不得半点虚假的，只有孜孜以求、不懈努力，才能攀登高峰并达到科学上的“真、善、美”的境界。

只要我还活着，我就会继续工作，继续为地热学贡献力量。

## 沈允钢

植物生理学家，中国科学院学部委员（院士）

科研是一个“去粗存精、去伪存真、由此及彼、由表及里”的探索过程，对于一个科学工作者来说，要不断开拓创新，不能亦步亦趋。

我国部分资源人均占有量远低于世界平均水平，人均耕地面积仅为世界平均水平的三分之一，更需要加强光合作用研究来提高作物的产量和改善环境。

## 沈家骢

高分子化学家，中国科学院学部委员（院士）

必须做国家需要的东西，做社会需要的东西，这就是你选择专业及以后工作的一个基本原则。

学问之道，在于将冷清之路走出热情，而非让热烈之途冷却。

## 金鉴明

环境生态学专家，中国工程院院士

绿色发展强调的是经济发展与环境保护协调统一，其核心是提高资源环境的利用率，其关键是绿色创新。

一到自然界，登上那座山，下到这条河，抱抱这棵树，摸摸那棵草，就很幸福。

## 胡仁宇

物理学家，中国科学院学部委员（院士）

回顾我国核武器的发展，每一项突破、每一次成功，都是举全国之力、大力协同的结果。

国家叫我干什么就干什么，要干就老老实实地干，尽力把交办下来的工作做好。

那真是一段激情燃烧的岁月，所有参加研制的人，没有一个为名、为利或为自己的将来打算，只想着完成党和国家交予的伟大、艰巨而又光荣的任务。

## 钮经义

生物化学家，中国科学院学部委员（院士）

我应该再次感谢整个胰岛素合成工作中所有参与者的奉献精神，作为始终参加此项工作的一员，我只是尽了一份绵薄之力。

## 都有为

磁学与磁性材料专家，中国科学院院士

许多科学家的成就大多是年轻时取得的，青年时期是思维最活跃的时期，大学生在校学习时一定要珍惜时间，给自己的人生打下基础。

逆境时不应消沉，顺境时不该骄傲，只有不断奋斗、拼搏，才能实现人生的价值。每个人都应当为社会做一些有益的事，才无愧于来一趟滚滚红尘。

## 钱　宁

泥沙运动及河床演变专家，中国科学院学部委员（院士）

科学是老老实实的学问，来不得半点虚假，需要下苦功夫。黄河治理是一个长期而复杂的过程，需要几代人的共同努力。

美国确实很好，但就像做客，你家客厅再好，沙发再软，那是你家的，不是我们家的。

## 徐匡迪

钢铁冶金专家，中国工程院院士

我们这一代人有一个很坚定的信念，就是要为国家、为人民贡献自己的一切。

只有不断创新，才能让我们的国家在国际舞台上占据一席之地。

## 徐如人

无机化学家、分子筛与多孔材料学家，中国科学院学部委员（院士）

我这辈子最高兴的事是我的学生都很出色，他们出国深造后，没有一个不回国的，他们回国就是为了报效祖国。

我只是响应了时代的召唤，尽我所能，为国效力。

科研之路，务必瞄准国际前沿，勇攀科学高峰，预见并引领那些尚未有人涉足的领域。

## 徐承恩

石化工程设计专家、炼油工艺专家，中国工程院院士

科学是极为严谨和实实在在的，尤其是对我们这些天天接触易燃、易爆物质的石化工程设计人员来说，更是来不得半点马虎。

虽然我在设计工作中出了一些主意，把了一些关，但我没参加具体的画图和计算工作。作为总工程师，在大家有方案或者对方案有不同意见的时候，我听取意见，最后作决定，并且对方案负责。我想，我做这些应该是本分，奖励应该授予做具体工作的同志。

历史的潮流使我走上炼油设计的道路。责任心和敬业精神，使我与炼油设计结下了不解之缘，也使我对其情有独钟。

## 董石麟

空间结构工程学家，中国工程院院士

在科技工作中要有所创新和建树，必须有苦思冥想、锲而不舍的精神，有时还要有一股废寝忘食、夜以继日的“傻劲”。

空间结构是一个国家建筑技术水平的集中体现。目前，从整体上看，我国在建筑领域与发达国家相比尚有一定的差距。我们如果在原始创新和加工精度上再使一把劲，就可以使中国从空间结构大国变成空间结构强国。

## 韩济生

神经生理学家、疼痛学家，中国科学院学部委员（院士）

用神经科学的最新理论和方法研究中国传统针灸学和针刺镇痛原理是一项探索性极强的工作。

我赶上了国家快速发展的黄金时代，自然也想用自己的科研成果，为社会多做一些力所能及的、有意义的事情。

机会永远留给有准备的人，留给愿意坐冷板凳的人，留给愿意思考的人。

## 韩祯祥

电工、电力系统及自动化专家，中国科学院院士

祖国需要我们去建设，哪里需要我们，我们就到哪里去，我们这一辈人的思想就是这样的。

要勇于迎接世界技术革命的挑战，勇于改革。

## 颜德岳

高分子化学家，中国科学院院士

科学研究是探索未知，必须唯实求真，不能有半点马虎和虚假，同时要有灵感、激情和百折不挠的精神。

歌手一曲万金，球星一脚成名，暴发户一夜致富，而学者须心如止水，脚踏实地，淡泊名利。我认为我们拥有的社会价值就是我们最宝贵的财富。我很快乐，如果让我和他们交换一下角色，我还真不会同意。如果让我重新选择一次，我仍然要做一名学者。

## 潘云鹤

计算机和人工智能专家，中国工程院院士

人工智能在以前的发展中都是欧美国家处于领先地位，中国在努力追赶，但在人工智能新一轮的发展中，中国有了很大的主动性，走在时代前列。

## 戴民汉

化学海洋学家，中国科学院院士

人、海洋、地球是密不可分的命运共同体。一个健康、繁荣的海洋，是地球家园的“心脏”，也是人类的机遇。

我就怕人家看不起中国人，所以想回来，搞好自己的科研。

人的示范作用是很重要的，科学家可以是有趣的，可以享受生活，可以很有情怀，当然，他们对待科学必须是极其严谨的。

州，沈家骢也转至浙江省立建国中学继续完成高中学业。然而，在国民党的统治下，社会动荡、经济崩溃，作为律师的父亲业务量大幅缩减，家庭经济再度陷入困境。即便如此，沈家骢依然凭借坚韧不拔的意志，完成了高中学业。

1949 年，中华人民共和国成立，沈家骢迎来了人生的新篇章。他以优异的成绩考入了浙江大学化学系。然而，他的父亲希望他能够放弃读书，转而承担起家庭责任。面对家庭的重担与求学的渴望，沈家骢陷入了两难境地。幸运的是，他得到了全班同学的坚定支持，同学们决定共同帮助沈家骢完成学业。为了减轻家庭负担，沈家骢在大学期间一直半工半读。闲暇时间，沈家骢靠着打石子、碾米等劳动来赚取自己的生活费，他始终与同学们共同承担自己的学业费用。在那

1950 年，沈家骢（第四排右三）与浙江大学化学系师生职工合影

段艰苦的日子里，同学们的支持和鼓励给予了沈家骢无穷的力量，让他能够坚持下去。这份情谊如同烙印一般，永远镌刻在沈家骢的心中。同时，这段宝贵的经历也塑造了沈家骢坚韧不拔、勇于担当的品质，他的故事激励着无数人勇往直前，为实现自己的梦想和国家的繁荣富强而不懈奋斗。

## 尊慕先贤，躬耕不辍

1952年，百废待兴，各行各业亟须大量高等教育人才以支援建设，沈家骢响应国家号召，提前结束学业，加入浙江大学赴东北的毕业生队伍，搭乘专列直抵沈阳，后被分配至东北人民大学（吉林大学的前身）任教，开启了他在高等教育领域辛勤耕耘的历程。在蔡镏生、唐敖庆、关实之、陶慰孙等一众化学界泰斗的悉心指导下，沈家骢投身于化学系的建设，将青春与智慧献给了中国科教事业。

沈家骢在学术道路上走得十分稳健，他先是在陶慰孙教授的引领下探索有机化学与高分子化学的奥秘，后转至唐敖庆教授门下，深入研究聚合反应的统计理论与微观动力学。在老一辈科学家的引领下，他勇于担当，不仅参与了实验室的筹建与实验教学的指导工作，还带领团队在聚合反应动力学及自由基性质领域取得了显著的理论与实验成果。他运用统计理论、图形分析等方法，揭示了聚合反应机理与分子量分布的内在联系，为聚合反应工程学奠定了理论基础。

20 世纪 80 年代初，沈家骢（前排右二）陪同唐敖庆教授（前排右三）接待来访专家

此外，沈家骢还积极参与学术著作的编纂工作，与唐敖庆教授共同主编了《高分子反应统计理论》一书，其研究成果“高分子缩聚、加聚和交联反应统计理论”荣获 1989 年度国家自然科学奖二等奖。在科研创新方面，他成功研制出新型高效凝胶色谱填料，填补了国内在该领域的空白，荣获 1988 年度国家技术发明奖三等奖。他的学术足迹遍布国内外，他多次参加国际性学术会议，将中国的科研成就在世界舞台上进行展示。

沈家骢的卓越贡献赢得了学术界的广泛认可。1991 年，他当选为中国科学院学部委员（院士），成为化学领域的一颗璀璨明星。

## 高屋建瓴，开创先河

20世纪80年代中后期，超分子化学研究刚露苗头，沈家骢敏锐地抓住这个机遇，与德国美因茨大学的林斯托夫教授合作，开展了超分子化学与层状组装体系的研究。

20世纪90年代初期，光电信息产业迅速发展，传统的无机半导体材料已不能完全满足光电产业发展的需求，沈家骢敏锐地意识到有机光电功能材料在未来信息产业应用中的巨大潜力，在国内率先开展相关研究。为了突破荧光发光的局限，他的研究团队开展了磷光配合物发光材料高效有机电致发光的研究，为高效电致发光器件的发展开辟了新途径，并研发了一系列新型高效率蓝光和白光电致发光材料。从有机发光体的凝聚态有序结构出发，提出了设计高传输性发光材料的理念，从而开拓了有机发光晶体的新思路。

从1995年开始，沈家骢在浙江大学高分子系兼职，从事生物医用材料的研究。在该新兴交叉领域的研究中，他以求是创新的精神、高屋建瓴的学术敏锐度，逐步在生物医用材料领域建立起一支年轻而富有活力的研究队伍。在此基础上，他于2008年组建了浙江大学生物医用大分子研究所。他们利用超分子组装与层状组装技术，获得了具有良好细胞相容性、血液相容性和抗凝血性能的薄膜涂层与界面，用于介入医用材料和组织工程材料的表面设计。沈家骢于1999—2008年任浙江大学材料与化工学院院长，有效地推动了学院各学科的发展。

2010年，沈家骢教授（前排右二）与浙江大学生物医用大分子研究所部分成员合影

翻开沈家骢厚重的人生履历，聚合反应微观动力学、超分子化学、生物大分子结构与功能、有机高分子膜的组装与功能、有机高分子光电信息材料、生物医用材料、生物医用纳米材料等，无不体现了他高瞻远瞩的战略眼光和紧跟科学前沿的进取精神。

## 诲人不倦，英才济济

沈家骢之所以成为备受敬仰的学术领袖，不仅源于他在科研与管理领域的卓越成就，更在于他深刻践行了教书育人、以身作则、乐于奉献的崇高精神。他经常说："我们要激励青年学者扎根国内，深耕本土科研基地，同时积极搭建国际交流平台，让每位青年才俊都能在国际舞台上施展才华，这样既稳固了国内研究阵地，又拓宽了国际视野，促进了国际合作。”这一“双基地”建设的策略，有效凝聚了青年科研力量，为科研团队注入了源源不断的活力。他常常这样勉励青年学子：“学问之道，在于将冷清之路走出热情，而非让热烈之途冷却。”他坚信，科技探索需要耐得住寂寞，方能取得非凡成就。沈家骢以此信念激励自己与青年学子，共同为科学梦想不懈追求。

自1978年起，沈家骢已培养了超过80名博士研究生及博士后研究人员，他们中不乏中国科学院院士、国家杰出青年科学基金获得者。

中国科学院院士张希自1986年起便追随沈家骢深造，谈及恩师，他满怀感激：“能在沈老师的指导下学习十年、工作十年，是我人生最宝贵的经历。我的成长离不开他如灯塔般的指引。从有序薄膜组装的研究起步，到两亲性分子的探索，每一步都凝聚着沈老师的心血。

沈家骢（右）与学生张希（左）合影

那时，他亲手剪贴我的论文草稿，逐字斟酌，教会了我科研写作的精髓。这份耐心与细致，成为我日后指导学生时的宝贵财富。”

沈家骢严谨治学、无私奉献，在日常点滴中闪耀着教师的光辉。虽已至耄耋之年，但他仍在孜孜不倦地为青年才俊的成长铺设道路，同时他自身也始终坚守在教学与科研的前沿，不遗余力地为国家的科教事业贡献着自己的光和热。

2018年，沈家骢荣获吉林大学（力旺）终身成就奖。次年六月，他与妻子高蒨慷慨解囊，将100万元奖金全额捐赠给吉林大学唐敖庆教育基金会，旨在激励并吸引科研英才，助力吉林大学及化学学科的人才培养，同时将唐敖庆院士所倡导的精神传承下去并发扬光大。实际上，早在2007年末，为解决“唐敖庆化学奖学金”的资金短缺问题，他与张希便将共同获得的2004年国家自然科学奖二等奖的奖金全额捐出。次年，唐敖庆院士与世长辞，为纪念其卓越贡献，沈家骢等人积极推动成立了吉林大学唐敖庆教育基金会。2016年，沈家骢又以个人名义捐赠了50万元，以支持基金会的发展。

“区区百万，虽非巨款，却也希望能为人才培养与科研团队建设添砖加瓦。”88岁高龄的沈家骢谦逊地表示，他期望能在基金会内设立专项人才基金，激励青年才俊贡献自己的聪明才智，推动教育与科研的发展。

沈家骢（右三）回母校杭高参加校庆活动

沈家骢（前排右二）参加吉林大学唐敖庆教育基金会捐款仪式

## 精神闪耀

1952年，沈家骢响应国家号召，支援东北建设，提前从浙江大学毕业，参与东北人民大学化学系的初创工作。那年他才21岁。自此，沈家骢全身心投入学科建设和人才培养工作中，是吉林大学化学高分子学科的主要创建者之一。

自1994年起，为了推动超分子科学研究，沈家骢先后主持了多届香山科学会议。每次会议前，沈家骢都会精心选定会议的主题，并依据主题邀请来自世界各地的知名科学家参加会议。与会科学家分享超分子科学领域的最新研究进展并探讨其未来发展趋势。

沈家骢之所以成为受人尊敬的学术带头人，不仅因为他取得了突出的科研及管理成果，更因为他秉持着甘为人梯的奉献精神。他经常对青年人说："做学问，要甘于把冷板凳坐热，而不是把热板凳坐冷。"他认为，要想在科技领域取得成绩，青年学者更要"耐得住寂寞"。一直以来，沈家骢以这样的人生信条勉励自己和学生，为心中的理想与使命执着地奋斗。

虽然已至耄耋之年，但他精力充沛，思维十分活跃。他不仅为年轻人的成长引路，还为实验室及学科建设把握发展方向，甘当铺路石；自己也始终兢兢业业，一如既往地坚守在教学与科研第一线，竭力为国家的科教事业发挥余热。

## 院士小传

沈家骢，1931年9月出生于浙江绍兴，我国高分子化学、超分子化学的开拓者之一，中国科学院学部委员（院士）。

1949年，沈家骢从浙江省立建国中学毕业，并以优异的成绩考入浙江大学化学系。1952年，沈家骢提前从浙江大学毕业并被分配至东北人民大学化学系任教，历任室秘书、系秘书、化学系主任、吉林大学研究生院副院长等职。1991年当选为中国科学院学部委员（院士）。

沈家骢主要从事高分子化学与聚合反应动力学、超分子化学与层状膜组装的研究。出版了《高分子反应统计理论》《超分子材料引论》等专著，发表论文500余篇。曾获1989、2004、2009、2010年度国家自然科学奖二等奖4项和1988年度国家技术发明奖三等奖。

执笔：孙铁方

# 金鉴明

## 中国生物多样性保护研究的开拓者和奠基人

绿色发展强调的是经济发展与环境保护协调统一，其核心是提高资源环境的利用率，其关键是绿色创新。

蒸汽机的轰鸣碾碎了人类的田园之梦，全球工业化的进程正以不可抑制的脚步匆匆前行，我们在为工业文明欢呼的同时，却忘了停下来看一看那渐行渐远的绿色。

天空越来越暗。

当我们一觉醒来，发现赖以生存的家园面临诸多危机，生态破坏、噪声污染、空气污染、温室效应、人口膨胀……蓝天、绿地、碧水，仿佛一夜之间消失了。保护环境，拯救地球，成为全人类共同的渴望。

## 苦难的童年

杨柳依依、潭清水碧的春天，满目的新绿给人间带来了无限的生机，西子湖畔的水，美丽的“人间天堂”陪伴小金鉴明度过了难忘的童年。

但好景不长，七七事变爆发，祖国的大好河山被侵略者蹂躏，中国人民被推入水深火热的境地。湖光山色、风景如画的杭州也逃脱不了被蹂躏的厄运。

于是，小金鉴明和弟弟妹妹跟着父母逃难到绍兴。一路上忙着躲避敌机的轰炸，年幼的弟妹不幸染上了风寒，得了重病，由于缺医少药，最终弟妹双双夭折，而金鉴明也染上了姜片虫病。

好不容易请到一位“郎中”，他竟给金鉴明开了一副含有砒霜的泻药。服药的第二天，金鉴明的外婆惊愕地大叫起来，此时金鉴明全身浮肿，甚至让人认不出他的相貌。

金鉴明坐不住、睡不着，日夜哭喊着要爹娘，可是他的父母已去上海谋生，只留下外婆全身心地照料着他。

金鉴明的外婆出身于绍兴一户书香门第，为人十分忠厚老实，是典型的中国式贤妻良母。她为了让小金鉴明暂时忘却病痛，给他讲故事、唱山歌，讲秋瑾姑姑如何勇敢地反抗清政府并英勇就义的故事，唱“摇啊摇，摇到外婆桥”的江南童谣。

外婆教会了金鉴明读书写字，又教他为人处世之道，在金鉴明幼小的心灵中播下了“科学救国”的种子。

善良慈爱的外婆一直和金鉴明相依为命，盼望着抗战胜利。

## 科学的探索

1955年从复旦大学生物系毕业后，金鉴明就前往苏联攻读博士学位。

回国后，他致力于我国生态学研究和环境保护的调查考证工作。环境保护是一门综合性极强的科学，涉及环境地学、环境化学、环境生物学、环境工程学、环境医学等诸多学科。

金鉴明是一位勇于探索、勤奋刻苦的环境科学工作者。几十年来，他主持了一系列关于环境问题的科学研究工作。有人统计过，一年中，他甚至有长达十个月的时间奔波在深山老林和荒山野岭。

1959年11月，受益于苏联科学院院士、生态学专家谢尼柯夫的指导，金鉴明从苏联列宁格勒大学（今俄罗斯圣彼得堡国立大学）毕业，并获得生物学博士学位。

他回到故乡杭州时，我国正处在“三年困难时期”。他暗自下定决心，要将自己学到的所有生物学知识奉献给祖国，让绿色再次铺满中华大地。

1961年，金鉴明被分配到中国科学院植物研究所，从事的是生态与植物群落研究工作。

20世纪60年代初，他投入长白山植被考察工作中。之后，他又被调到广西“蹲点”三年，先后进行了90个县的植被调查，从而完成了广西玉林的农业区划工作，解决了当地农林牧副渔的综合规划和合理布局问题，还帮广西组建了花坪国家级自然保护区的森林生态定位站。

金鉴明常常激动地感慨：“一到自然界，登上那座山，下到这条河，抱抱这棵树，摸摸那棵草，就很幸福。”这成了他的“职业病”。

野外考察，危机四伏。在东北的深山老林里，走在林间，名为“小咬”的蚊子常会如大雾一般，铺天盖地；俗称“草爬子”的森林林虱中，有大约千分之三携带森林脑膜炎病毒，专爱叮人吸食血液。考察队队员们啃着叮满蚊虫的馒头是家常便饭，“小咬”钻进人的鼻子、耳朵让人血流不止更是稀松平常。

在长白山原始森林长途跋涉进行北方森林生态调查实在是件苦差事。行走艰难不说，更夸张的是，哪怕累得抬不起腿，考察队队员们也不敢坐在地上休息一会儿，因为只要屁股一沾地，遍地的“草爬子”顷刻间就会爬满全身。每伸出手来采集一个标本，蜂拥而至的“小咬”便会立刻将大家手上的白手套变成“黑手套”。肚子饿了，如果想揭开头上的遮蚊罩吃点东西，哪怕只是打开一道缝隙咬一口馒头，“无孔不入”的“小咬”也会立刻钻进来，找到人体皮肤展开“攻击战”。如果再碰上一不小心迷路的情况，那么你一天都别想走出这片山林了。

冬季来临，考察队队员们又赶往位于祖国西南边陲的西双版纳，或者前往海南岛，与当地人同住竹楼，舂米挑水。他们在漫无边际的热带雨林中采集标本，饿了就咬几口蘸了盐巴的野果子，再吃几口身上背着的竹筒饭。每个人还要提防不知道从哪里突然冒出来的野兽和毒蛇的袭击，以及蚂蟥的疯狂叮咬。常常是大家回到驻地后，扒开衣服一看，身上早已“血迹斑斑”。

西南丛林中的蚂蟥是跳跃健将。每次从山里回来，大家的身上都会叮满吸饱血后有土豆大小的蚂蟥，队员个个像极了战场上身中数弹的战士。银环蛇、金环蛇、竹叶青等剧毒蛇在西南密林中神出鬼没，给考察队队员们构成了巨大的威胁。但是，即便如此，野外考察仍然要继续下去。

到了20世纪70年代，环境问题开始受到世界各国的重视。1972年，联合国在瑞典斯德哥尔摩召开了第一次人类环境会议。

1973年8月，在周恩来总理的关怀下，国务院召开了我国第一次环境保护会议。金鉴明出席了这次会议，并参与了国务院环境保护领导小组办公室的筹建工作。

## 开创中国环境保护事业

20世纪70年代末至80年代初，国内对新兴的环境科学存在两种截然相反的观点：一种观点认为由于环境科学自身的特点和时代发展的必然性，理应形成一门学科；另一种观点则认为环境科学涉及的内容十分广泛，但没有自己的特色，无法形成一门学科。

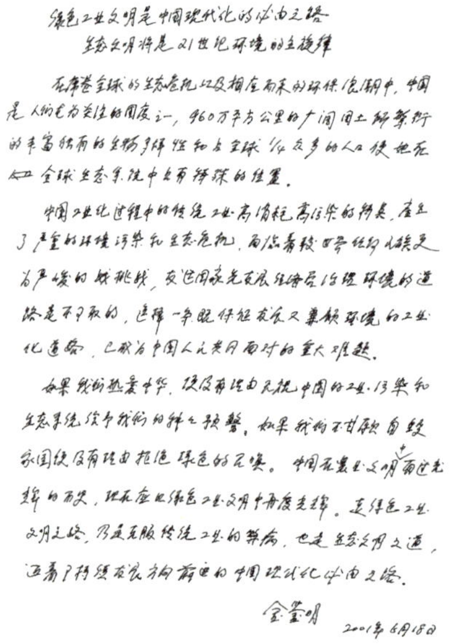

绿色工业文明是中国现代化的必由之路
生态文明将是21世纪环境的主旋律

在席卷全球的生态危机以及相应而来的环保浪潮中，中国是人们最为关注的国度之一，960万平方公里的广阔国土所繁衍的丰富独有的生物多样性和占全球1/4众多的人口使她在全球生态系统中占有特殊的位置。

中国工业化过程中的传统工业高消耗高污染的弊病，产生了严重的环境污染和生态危机，面临着较世界任何国家更为严峻的挑战，发达国家先发展经济后治理环境的道路是不可取的，选择一条既保经济发展又兼顾环境的工业化道路，已成为中国人民共同面对的重大难题。

如果我们热爱中华，便没有理由无视中国的工业污染和生态系统给予我们的种种预警。如果我们不甘落后，自然便没有理由拒绝绿色的召唤。中国在农业文明中曾有过光辉的历史，现在应在绿色工业文明中再度光辉。走绿色工业文明之路，乃是克服传统工业的弊病，也是生态文明之道，迈向了持续发展方向前进的中国现代化必由之路。

金鉴明
2001年6月18日

金鉴明手迹

金鉴明支持前一种观点，并且他对环境科学下了定义，在《现代科学技术简介》一书中，他这样写道：“环境科学是以生态学和地球化学为主要基础理论，充分利用化学、生物学、物理学、地学、工程学等各领域的科学知识和技术，对人类活动引起的空气、水、土壤、生物等环境问题进行系统研究的科学。”后来，在其早期著作《环境保护》和《环境科学浅论》中，他对研究任务和研究内容做了进一步的论述。

金鉴明不仅在环境保护理论和环境科学方面积极探索，而且在环保实践方面也是殚精竭虑，取得了丰硕成果。以“桂林山水甲天下”闻名于世的桂林，由于大力发展工业，环境遭到严重污染。听到这个消息后，金鉴明多次在有关会议上动员记者到桂林进行实地调查。最终，一位记者撰写了《拯救桂林》的调查报告，发表在1979年2月4日的《光明日报》上，这篇报告促进了桂林环境污染治理工作的开展。

1984年，金鉴明出任国家环境保护局（今属生态环境部）副局长，分管科学技术、自然保护、宣传教育等方面的工作。

他除了每年参加国内外各种学术会议，利用有限的时间深入基层进行调查研究外，还兼任山东大学和复旦大学的教授。

他在开展上述工作的同时，还写下了大量环境科学著作，主编了《大自然》《环境科学大辞典》《农村生态环境》等书籍。

生物多样性是人类社会赖以生存和发展的基础，保护生物多样性、保证生物资源的永续利用，是当前国际社会极为关注的重大环境问题之一，也是全球性环境保护行动计划的重要组成部分。

金鉴明参加会议

然而，人口的急剧增长、不合理的开发活动、环境污染和生态破坏，对各种生物及其生态系统产生了极大的冲击，使全球生物物种不断减少，生态系统的结构和功能逐渐退化。

金鉴明组织并参加了《中国自然保护大纲》《中国生物多样性保护行动计划》的编制工作。他是我国第一位提出并组织编制《中国生物多样性保护行动计划》和《中国自然保护大纲》的专家。

早在1972年，金鉴明就参加了在法国巴黎召开的国际生物学计划大会。1980年，《世界自然资源保护大纲》向全球发布，他及时组织了对《世界自然资源保护大纲》的翻译工作，并结合中国国情，于20世纪80年代初组织编制了《中国自然保护纲要》。该成果获国家科学技术进步奖三等奖，并经国务院批准实施。该纲要的4项保护目标，已被纳入中国当前生物多样性保护的战略目标。

2001年4月23日，金鉴明在北京南海子鹿苑

## 精神闪耀

传奇的科学经历、坚定的人生信仰，书写了一部为中国生态环境事业发展而不懈拼搏的奋斗史。

金鉴明曾说："人类走可持续发展的道路是唯一的选择，这是以绿色为标志的发展道路，是一种追求人与自然协调发展、互惠共生的新文明，是带给人类生存与发展的绿色文明之路。"为了这一目标，他有胆有识，破旧立新，敢以大刀阔斧之力，收筚路蓝缕之功。

"为什么人类能登月，却不能在地球上安全地饮用水和呼吸新鲜空气?"金鉴明在国内率先明确地提出了环境科学的定义、研究内容和方法，并呼吁"在合理开发利用自然资源的同时，也要保护自然，预测人类活动对自然界近期和长期的影响"。

蓝天、绿地、碧水……是全人类共同的渴望，也是人类可持续发展的基本要求。为了中国环境科学研究的发展，金鉴明在长达半个世纪的时间里不敢有丝毫懈怠。他的身上闪耀着无私奉献、坚守本色的光辉，其科学精神与人文情怀将继续激励后辈投身生态环境保护事业。

## 院士小传

金鉴明（1932—2017），浙江杭州人，环境生态学专家，中国工程院院士。

金鉴明1955年毕业于复旦大学，1960年毕业于苏联列宁格勒大学研究生院，获生物学博士学位。长期在国家环境保护局（今生态环境部）工作，曾任国家环境保护局总工程师、副局长等职。1997年当选为中国工程院院士，2007年当选为国际欧亚科学院院士。

金鉴明为环境工程学科领域作出了巨大贡献，他在物种迁地保护、生物多样性保护研究、就地保护工程和自然保护区设计等领域所做的工作具有开拓性意义。他曾获得国家“七五”科技攻关突出贡献者奖、国家和省部级科学技术进步奖、何梁何利基金科学与技术进步奖等。

执笔：潘卓盈

# 胡仁宇

## 核物理与核试验诊断专家

回顾我国核武器的发展，每一项突破、每一次成功，都是举全国之力、大力协同的结果。

1946年，15岁的胡仁宇踏入了高中的校门。在开学的这一天，老师们都需要为各自的班级取一个名字，这个名字寄托了同学们共同的学习目标、共同的气质。胡仁宇多年后仍然记得当年语文老师在黑板上写下的“弘毅”二字，弘毅取自《论语》中的“士不可以不弘毅，任重而道远”，胡仁宇往后的人生也始终诠释着“弘毅”的意义。

## “弘毅”的种子

胡仁宇进入高中的这一年，抗日战争刚刚结束，民生凋敝，百废待兴。在经历战乱与奔波后，胡仁宇终于能够平稳地坐在书桌前，他抬头看到了自己的老师，环顾四周看到了坐在身边的同学们。他所就读的学校——浙江省立杭州高级中学（今浙江省杭州高级中学），校址也迁回了杭州贡院。长长的甬道上树影斑驳，穿过那条甬道，就进入了读书人的桃花源，贡院的文化依旧在那里，即便是战火也摧毁不了。在这里，他立下志向，“士不可以不弘毅，任重而道远”；也是在这里，他找到了自己的兴趣所在。胡仁宇特别喜欢在物理、化学课堂上做实验，数理化成绩在班级中名列前茅，常常与老师一同探讨难题。

高中毕业后，胡仁宇参加了高考，并以优异的成绩被清华大学物理系和交通大学[①]电机系同时录取。

在进入清华大学物理系就读前，胡仁宇还面临一次人生转折。为了减少交通等开支，减轻家庭的经济压力，胡仁宇选择在离家较近的交通大学就读。1949年中华人民共和国成立后，社会主义建设的热潮，让胡仁宇看到了国家的未来和希望，他发现自己的兴趣并不在工科，而是在物理学科，也许学物理更有利于今后的发展。于是，他在大学二年级时便申请从交通大学电机系转到物理系。

1950年春，清华大学的招生活动在南方如火如荼地开展，学校还招收插班生，招生考试的地点就设在交通大学。胡仁宇的哥哥当时已经是清华大学物理系的一名学生，他经常写信给胡仁宇分享自己在清华大学的学习经历和心得，两人也会在信中谈论物理学的相关内容。哥哥常常在信的末尾附上清华大学校园的照片，清华园的宁静氛围、学生的活力等，无不触动着胡仁宇，因而他决定抓住这个机会，报名参加了清华大学的插班生考试。经过一番激烈的竞争和严格的选拔，胡仁宇凭借自己的努力和实力，顺利地通过了考试，如愿以偿地成了清华大学的学生。

在清华大学，短短两年的学习时光对胡仁宇产生了深刻的影响。当时正值抗美援朝战争时期，他和同学们投身于这股爱国的洪流之中，积极参与宣传工作。1952年，胡仁宇参与了“三反”“五反”运

①交通大学：今上海交通大学和西安交通大学等校的前身，以下均同。

动。在这些活动中，他开始深切地认识到个人的抱负必须与国家的需要紧密结合，只有国家繁荣昌盛，个人的梦想才能实现。清华园内，学术自由和民主的氛围让胡仁宇感到如沐春风。教授们不仅在学术上造诣深厚，还对学生关爱有加和充满耐心。叶企孙、彭桓武等老师对胡仁宇产生了深远的影响，他后来与彭桓武老师一起参与了“两弹”的研制。在他们的帮助和关怀下，胡仁宇不仅学业进步得很快，而且对学科前沿研究有着深入的探索，这也为他日后参与“两弹”研制打下了坚实的基础。同学们相处融洽，相互帮助，共同进步，营造出一个充满活力和温暖的学习环境。大学的这段时间是胡仁宇求学生涯中最刻苦也最快乐的时光。同时，清华大学对体育锻炼的重视，以及学校推行的劳卫制，激发了胡仁宇对运动的热爱。在同学们的鼓励和支持下，他养成了坚持锻炼的习惯，这个习惯不仅让他在日后繁重的工作和压力中保持了良好的身体状态，也为他提供了源源不断的精力。

胡仁宇在成长过程中亲历了许多事关国家生死存亡的重要时刻。他出生不到两个月，九一八事变就发生了。半年后，在一·二八事变中，他父亲供职的上海商务印书馆就被日军夷为平地，为躲避战乱，父母只好带着不到一岁的胡仁宇逃离上海。后来他的父亲好不容易在金华中学找到一份历史教员的工作。全家人刚刚过了几年稍微平静一点的生活，但七七事变发生后，日军开始轰炸金华，全家人又只好逃回老家避难，生活每况愈下。1942年6月，日军入侵江山时，还在读初中的胡仁宇遭遇了人生的重大变故，他家的房子被侵略者烧毁，全家不得不搬迁到他处，在颠沛流离中，积劳成疾的父亲永远地离开了他。

面对家庭的破碎和个人的困境，他更加认识到个人的遭遇与国家的命运息息相关。他没有选择逃避，而是以坚定的意志继续求学。在清华大学，他遇到了良师益友，他们的关怀和帮助进一步坚定了他的意志，让他决心投身于国家的科技和国防事业。

毕业后，胡仁宇被分配到中国科学院近代物理研究所。当时学校设置的课程中涉及核科学最新进展的内容很少，更别提如何开始这方面的研究工作了。领导为了让刚参加工作的青年人很快投入工作，挤出时间给他们补习原子核物理、电动力学、量子力学、统计物理等课程。胡仁宇不仅要学习理论知识，还要上实验课。他在正式工作后才真正投身核科学的研究之中。胡仁宇后来被分到实验组，开始第一次接触核试验，由两位前辈带领他从事电离室和闪烁计数器方面的研究工作。在他们的带领下，胡仁宇开始学习怎样做科学研究。

年少时埋下的“弘毅”的种子，在这里开始发芽并茁壮成长。

## “尽力把交办下来的工作做好”

1958年8月，胡仁宇被调入第二机械工业部第九局（今中国工程物理研究院，简称“二机部九局”），从此他的一生就与核武器事业紧密联系在一起了。

那时胡仁宇的想法很简单："国家叫我干什么就干什么，要干就老老实实地干，尽力把交办下来的工作做好。"他后来回忆道，自己以前没有什么具体的梦想，能参与如此重大的工作，碰上好的机遇，便尽全力完成。

调到二机部九局，是一件非常突然的事情。1958年，胡仁宇正在苏联科学院列别捷夫物理研究所攻读实验核物理专业副博士学位，因国家急需这方面的人才，二机部领导通知他，以研制核武器为主要任务的国家第二机械工业部第九局成立了，胡仁宇立即中断了自己的学业，奉命回国参与相关建设。如果他继续在苏联留学，毕业后就可以获得副博士学位了，但他舍小利而取大义，义无反顾地投身强国大业。上班的第一天，他接到的第一项重要任务就是组建加速器与中子物理研究室。

起初，他对自己的能力感到不自信，担心无法完成建设实验室的艰巨任务，因为自己还没有完成学业，留学期间也没有完整研究过一个重要的科研项目，但他认为必须对国家负责，必须迎难而上。他以严谨而耐心的态度一步一步地进行实验室建设，提出的许多建议获得了领导的认可。

胡仁宇在前辈们的悉心指导下，与同事们携手，以满腔热情和严谨的态度，带领这支年轻的团队投身于科研工作。他们迅速建立了中子物理和放射性核素测量实验室，圆满地完成了原子弹试验前交给他们的任务，为完成原子弹试验前的研究任务奠定了坚实的基础。胡仁宇团队不仅在原子弹和氢弹的研制中发挥了重要作用，在随后的几十年里，无论是哪一次试验，他们都能以高度认真负责的态度完成研究工作，以国家的需要为使命。

“没想到在这里一干就是60年，也经历了中国工程物理研究院（以下简称‘中物院’）发展的全过程。”胡仁宇感叹道。

60年间，胡仁宇全身心投入中物院的发展和建设当中，单从驻地来说，中物院便经历了多次变迁：20世纪60年代初从北京市郊区迁往空气稀薄、气候多变的青海草原；20世纪60年代末、70年代初又搬到四川省，各所散落在多个县的偏僻山沟里，交通极为不便；20世纪90年代才迁到现在的地方。多次的搬迁需要耗费大量的时间与精力，但胡仁宇与中物院的同事以大局为重，始终跟随中物院搬迁的脚步。

在中物院初建的十年里，我国的工业基础还很薄弱，科技队伍刚刚组建起来，缺少相关仪器设备，算得上是“白手起家”，一切都要

1984年胡仁宇（右一）在新疆马兰核试验基地

从头做起。但就是在这样的情况下，中物院在党的领导和全国人民的大力支持下，克服了重重困难，用了不到十年的时间，掌握了原子弹和氢弹的制造技术，接着从事“两弹”技术突破及其武器化工作，后续又取得了一系列里程碑式的成果。这些成果成为维护国家安全、促进世界和平的基石。

令胡仁宇印象最深刻的是1960年6月的一次会议，会议向全院科技骨干传达了党中央关于独立自主、自力更生尽快制造出原子弹的要求，全院科技骨干对此都激动万分，都想为尽快制造出我国的“争气弹”（代号为“596”的我国第一颗原子弹）贡献出全部力量。全院上下都围绕着这个共同目标，夜以继日地忘我工作，恨不得把一天当成二十年用。“在我脑海里，印象最深刻的还是建院最初的十年，也就是通常所说的‘两弹’会战时期，那真是一段激情燃烧的岁月。”

原子弹研制是一项庞大、复杂且要求精密的系统性、科学性的工程，要完成这项工程，需要从多维度开展工作，多方面协同配合，不是单靠人们的热情和美好愿望就能够完成的。胡仁宇是第一颗原子弹试验的第五小组负责人，从实验、运输到装配，责任重大，出不得半点纰漏。他和同事们组成了一支理论、化学分析、物理测量密切结合的队伍，配备了配套的仪器和设备，通过大量的预冷试验（指不含放射性物质的试验）解决了多个科学技术难题，掌握了相关技术。

一直到他所在的小组负责的点火中子源完成，他们把重要部件包装好，历经各种曲折成功地将其押运到目的地后，路途中的艰辛和心理上的巨大压力才稍稍得到缓解。接下来就是装配和等待起爆。

1964年10月16日清晨，胡仁宇与起爆前留在现场的最后一批工作人员一起撤离至安全地带，在一个山坡上观看原子弹爆炸。他至今仍然记得，当时规定必须趴倒在地，面朝地面，眼睛要戴着墨镜看地面，不许看爆心位置，于是他看着表，希望下午三点钟快点到来。起爆后，当他抬头看时，看到的已经是一个红色的火球，而不是闪光了。“等我起来的时候，看到蘑菇云已经升到一定高度了。中国人终于可以扬眉吐气了！”

在原子弹核爆试验成功后，胡仁宇和唐孝威等人又投入我国第一颗氢弹的研制工作。在当时的负责人中，他是年龄最小的一个。

从简单地想“尽力把交办下来的工作做好”到“我不敢说做得最好，但是我尽力了，所以现在的想法是悄然离去”，这些朴实的话语中饱含着胡仁宇对国家核事业的热情，他将自己的一生都奉献给了强国大业。

胡仁宇在核试验现场看表倒计时

胡仁宇重返第一颗原子弹爆炸旧址

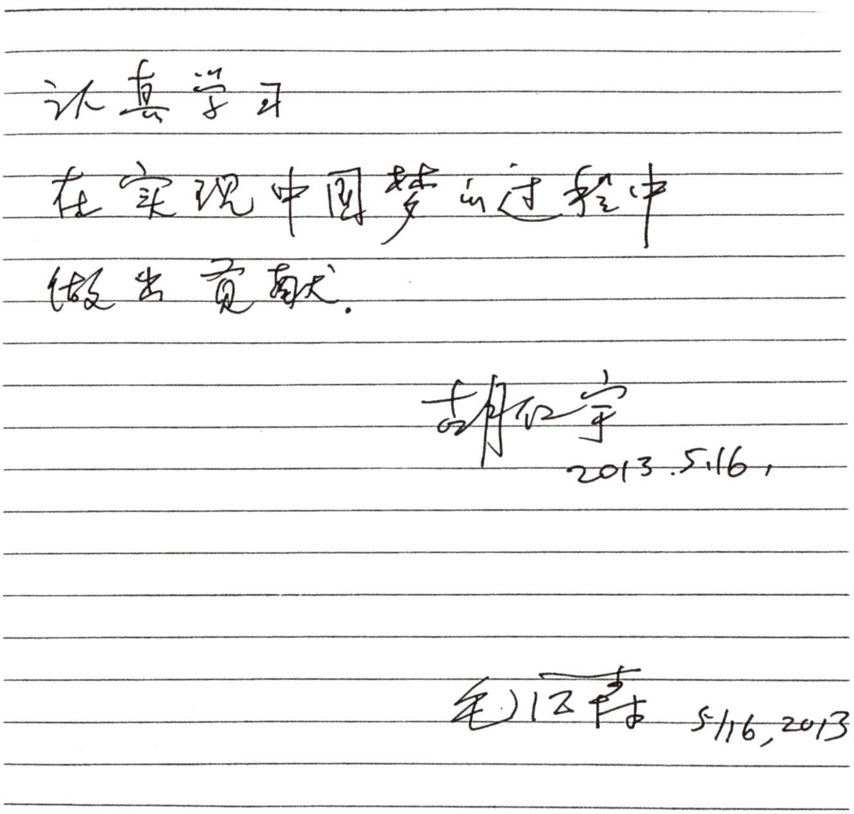
认真学习
在实现中国梦的过程中
做出贡献。
胡仁宇
2013.5.16.
毛江森 5/16, 2013

胡仁宇和毛江森共同为杭高的学弟学妹题词

## 精神闪耀

胡仁宇作为“两弹”功臣，在核参数测量方面填补了中国核工业的空白。为了国家的需要，他背井离乡，隐姓埋名，转战大西北……他用一生，兑现了自己许下的诺言——保卫祖国，为国争光。

胡仁宇于1958年响应国家的紧急召唤，中断国外的深造，回国加入了新成立的国家重点保密研究机构，致力于国防科技的前沿研究。他肩负的首要任务是建立加速器与中子物理实验室，这项研究对于确保我国按时完成第一颗原子弹的研制至关重要。

从1960年开始，胡仁宇领导的小组负责原子弹关键部件的研制，这些部件最终被成功安装在我国第一颗原子弹上。在原子弹试验成功后，胡仁宇团队又马不停蹄地投身于我国第一颗氢弹的研制工作。在胡仁宇的职业生涯中，他亲自指挥并参与了6次国家级大型核试验，每一次都圆满地完成了任务。

他始终将自己的前途与国家的命运紧密相连，他这样评价那段为国奉献的岁月：“那真是一段激情燃烧的岁月，所有参加研制的人，没有一个为名、为利或为自己的将来打算，只想着完成党和国家交予的伟大、艰巨而又光荣的任务。”

## 院士小传

胡仁宇，1931年7月出生于浙江江山，物理学家，中国科学院学部委员（院士），中国工程物理研究院原院长、研究员。

胡仁宇于1952年从清华大学物理系毕业后，进入中国科学院近代物理研究所工作；1956年，他被选派到苏联科学院列别捷夫物理研究所攻读副博士学位；1958年，他提前回国，加入第二机械工业部第九局，负责组建加速器与中子物理实验室；1991年当选为中国科学院学部委员（院士）。

胡仁宇长期从事核物理实验、核试验诊断、惯性约束聚变和核安全研究，为我国核工业的发展作出了重大贡献。先后建立并领导了多个核物理实验室，负责中子物理、放射性核素测量等核测试工作，并开展了强脉冲混合辐射场的特性测量工作。获国家自然科学奖一等奖、国家技术发明奖二等奖、国家科学技术进步奖特等奖等。

执笔：徐旗

# 钮经义

## 中国人工合成胰岛素的领军人物

我应该再次感谢整个胰岛素合成工作中所有参与者的奉献精神，作为始终参加此项工作的一员，我只是尽了一份绵薄之力。

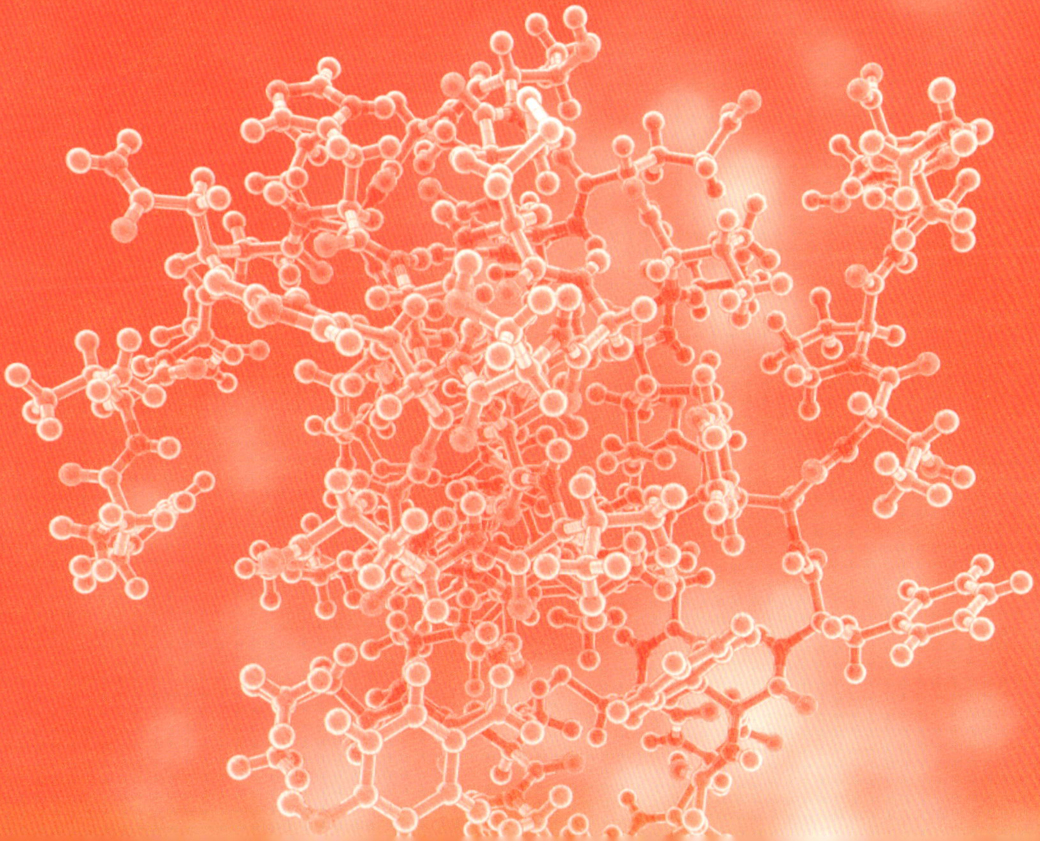

"快看！跳了！它跳了！"

1965年9月17日清晨，当中国科学院生物化学研究所的研究人员将人工合成的胰岛素注射到小白鼠体内时，小白鼠跳了起来——这是动物体内胰岛素过量时出现的惊厥反应，证明人工合成的胰岛素具备与天然胰岛素相似的生物活性。

中国的人工合成胰岛素研制成功！

消息传来，作为全程参与该项目的研究人员，时年45岁的钮经义不禁热泪盈眶，因为这实在是一个无法用语言形容的激动人心的时刻。

## 发愤求学，勇毅探索科学的远方

1920年12月26日，钮经义出生于江苏兴化的一个书香家庭，从他的名字可以看出，其中承载着长辈最初的期许。虽然彼时科举制度已经被废除，但是作为清末举人的祖父和作为清末秀才的父亲依旧希望钮经义能继承家学渊源，继续探索经书义理。

在家庭氛围的熏陶和长辈的教导下，钮经义从小就拥有旺盛的求知欲和刻苦钻研的精神。1935年，钮经义从兴化县立初级中学（今江苏省兴化中学）毕业，以优异的成绩考入浙江省立杭州高级中学（今浙江省杭州高级中学，以下简称"杭高"）。和当时在杭高求学的很多年轻人一样，在那个新与旧碰撞、过去与未来交织的年代，钮经义不愿因循守旧、奉行故事，而是选择与时俱进、与时偕行，走上了一条与以往读书人截然不同的人生道路。

按照原本正常的学习经历，钮经义应该于1938年从杭高毕业，但杭高校史中关于钮经义的记载目前却停留在了1937年：在学生学籍名册中，他是杭高1937年“普通科秋季二年级第一班”的学生。

那一年抗日战争全面爆发，学校因此迁至金华，不久便被迫解散，很多学生都中断了学业。直到第二年6月，浙江省政府决定将撤至浙南的七所中等教育名校合并，组建“浙江省立临时联合中学”。骤逢战乱时局，正读高中三年级的钮经义虽然内心也有对未来的迷茫，却不愿耽误学业，他和一些同学结伴，主动去寻找前路。一群十七八岁的少年几经颠沛，辗转逃难至贵州，才得以继续学业。1938年，钮经义被保送到成立于1937年11月的国立西南联合大学（简称“西南联大”）化学系学习。

诞生于战火硝烟中的西南联大创造了中国近现代教育史上的诸多奇迹。它由清华大学、北京大学和南开大学等联合组成，虽然只存在了短短八年，但培养出的卓越人才数量却比清华大学、北京大学、南开大学在战前30年培养人才的总和还要多。174位两院院士、8位“两弹一星”功勋奖章获得者，以及众多人文精英都曾在抗日救亡的时代主旋律下成长于大师云集的西南联大。

在西南联大求学期间，学校鼓励学生多多听取不同的意见，提高思考能力和辨别能力，这种教育方法对钮经义产生了深远的影响。他如饥似渴地学习，心无旁骛地读书，孜孜不倦地遨游在知识的海洋中。他有幸聆听到高崇熙、朱汝华、黄子卿等一众名家大师的教诲，加上自身的努力钻研，扎实地掌握了基础知识和专业知识，这些都为他日后的科研工作奠定了坚实的基础。

1942年，钮经义顺利从西南联大毕业，他的第一份工作是在重庆国立药专（今中国药科大学）担任助教。在这里，钮经义完成了从学生到老师的身份转变。初出茅庐的他一边认真工作，一边勤学不辍，并于1946年进入清华大学工作。在清华大学工作期间，钮经义从担任化工系助教开始，一步一步成长为普通化学、有机化学和分析化学教员。

从现实层面来说，当时的钮经义对在清华大学的工作和生活并无不满，但他的内心却总有几分难以回避的焦灼——那正是有责任感的中国知识分子和科学工作者面对20世纪中叶祖国落后的科学技术水平时，内心长存的苦闷和不甘，以及总想为之做出改变的信念。

从兴化县立初级中学考入杭高，在战火纷飞的时刻毅然决然前往西南联大求学……一路走来，钮经义的内心里总有一股不屈的、向上的劲头在催促着他抓住机会，去看看更广阔的科学世界。

幸运的是，“改变”的机会很快就来临了——1947年，教育部门开展了自费出国留学项目。钮经义抓住了这次机会。经过考核和一年的筹备，他于1948年辞掉清华大学的教职，远赴大洋彼岸的美国，在得克萨斯大学攻读博士学位。

## 矢志报国，中国获“诺奖”提名第一人

从20世纪初派遣留学生赴欧美留学开始，之后四十年间很多负笈海外的留学生都选择了“科学救国”的道路。他们在异国他乡刻苦求学、考察进修，拼尽全力投身于科技前沿领域，学习先进的理工科知识，随即回国效力。

钮经义正是其中之一。

跨越重洋来到美国得克萨斯大学深造的钮经义格外用功，仅仅一个学期后，他就引起了导师威廉姆斯教授的关注。因为钮经义在生物化学、微生物学等五门学科上的学习成绩在班上一骑绝尘，从第二学期起，他就开始担任有机定量分析课的助教，并在留学的第三年担任威廉姆斯教授的研究助教。

1953年5月，钮经义获得得克萨斯大学博士学位，被聘为得克萨斯大学克莱通基金会生化研究所的研究助理。次年10月，在导师威廉姆斯教授的推荐下，他来到加利福尼亚大学伯克利分校病毒研究所，在生化学家弗伦克尔·康拉特的实验室工作。此后两年，钮经义通过夜以继日地工作来不断提升自己的学术水平，在蛋白质一级结构测定的研究方面取得了不少成果。这段时期是他研究生涯的重要转折点：他提出了对烟草花叶病毒外壳蛋白亚基的结构测定的新见解，用其自创的部分肼解和酶解方法测出不同种属或菌株的病毒的羧基端排列次序；他确定了植物病毒颗粒中蛋白质亚基的存在，阐明了病毒外

壳的结构规律；同时，他还更正了当时弄错的几种重要蛋白质（如核糖核酸酶和卵白蛋白等）的羧基端结构……

钮经义杰出的学术成就很快引起美国科学界的关注。美国优越的科研条件、充足的经费支持、完善的学科体系，都为他深耕生化研究领域提供了有力的支撑。但是，只有钮经义自己知道，那并非他心中真正的期待，他从未忘却自己以学报国的初心。

然而，由于朝鲜战争爆发，钮经义和祖国的联系从1950年开始就被迫中断，又因为美国当局禁止学理工科和医科的中国留学生回国，所以经过多年努力，直到1956年初，钮经义才冲破美国对优秀中国科技人才的封锁，并于同年4月乘坐“威尔逊总统号”邮轮离开圣弗朗西斯科（旧金山），踏上了归国的旅途。

20世纪50年代，百废待兴的中国正以极大的热情和期待迎接那些放弃海外优厚待遇、冲破重重阻挠、毅然选择回国建设祖国的科技人才。而这些科技人才无不具有深沉的家国情怀和对科学的坚定信念。

钮经义一踏上阔别八年的故土，便深切地感受到祖国的温暖关怀。教育部领导热情地迎接他，为他妥善解决安置事宜。中国科学院的领导注意到钮经义在生化研究领域有着深厚的学术造诣，于是询问他是否愿意去中国科学院生理生化研究所工作。钮经义当即表达了“哪里需要我，我就去哪里”的态度，不久就前往上海，赴中国科学院生理生化研究所报到。

1956年，正是国家号召“向科学进军”的时期，与国外相比，国内虽然科研条件较差，但科研工作者的热情普遍很高，工作勤奋，

胰岛素全合成研究组成立之初的人员（中排左四为钮经义）

都希望能为祖国取得更多的科研成果。1958年，中国科学院生理生化研究所进行细分，后成立中国科学院生物化学研究所（1967年，更名为中国科学院上海生物化学研究所，简称“生化所”），生化所的科研人员提出了“合成一个蛋白质”的“赶超”课题，钮经义义不容辞地承担起多肽合成项目的领导工作，就此开始了两千多个日夜的奋战与坚守。

因为课题难度高、挑战大，整个研究过程经历了“人来人往”的盛况和不被看好的冷清境遇，但以钮经义为首的数十名优秀的科研骨干始终没有放弃。寒来暑往，那间小小的实验室里的灯光常常彻夜未息。他们默默前行，不忘初心，最终于1965年9月成功地合成了具有生物活性的结晶胰岛素，完成了世界上首次人工合成具有生物活性的蛋白质的壮举。

国际著名学术期刊《自然》在1962年做出的“合成胰岛素将是遥远的事情”的预言仿佛还在耳畔，短短3年后，中国人便抵达了那个“远方”！实验的成功使中国成为世界上第一个成功合成蛋白质的国家，这标志着人类在探索生命科学奥秘的征途上又迈出关键性的一步，同时也预示着中国合成生物学时代的到来。

钮经义知道，这一壮举将成为中国攀登世界科技高峰征途上的一块里程碑，而他自己，正是这一伟大事件的亲历者和见证人！

“人工合成胰岛素”是可以与“两弹一星”齐名的震惊世界的科学成就。1966年4月在华沙举行的欧洲生化学会联合会议上，中国人工合成胰岛素取得成功这一成果成为参加会议的科学家们的中心话题。1972年，杨振宁向周恩来总理提出，拟向诺贝尔奖委员会推荐我国的人工合成胰岛素研究成果，但考虑到中国当时的形势，周总理婉言谢绝，没有将其提上日程。

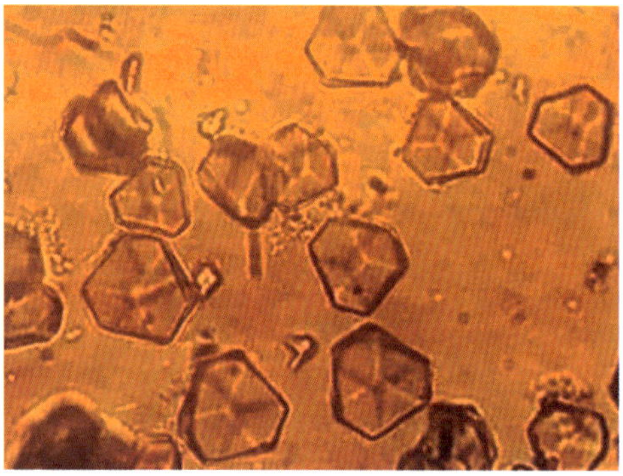

人工合成结晶胰岛素图

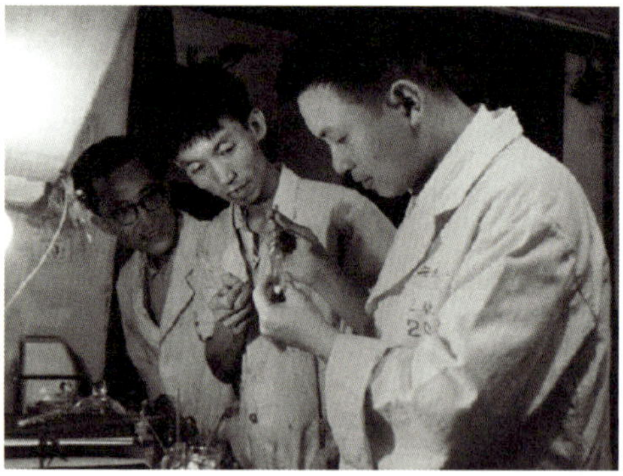

钮经义（右一）与同事在简陋的条件下进行人工合成胰岛素的实验

1977年，钱三强也提出“中国科学家在基础研究方面取得这一可喜的重大成就，不管能否获得诺贝尔奖，都应该借此扩大中国的影响力”的观点。1978年，杨振宁又向邓小平提出，他准备提名人工合成胰岛素的中国科学家为诺贝尔化学奖候选人。与此同时，中国科学院上海生物化学研究所所长王应睐收到瑞典皇家科学院诺贝尔化学奖委员会主席等6位教授的来信，请他在1979年1月31日前推荐1979年度诺贝尔化学奖候选人。

因为钮经义在整个人工合成胰岛素项目实施过程中负责设计合成方案、选择合成路线和解决各种难题，成绩突出，除了是这项成果的主要研究者，他还是少有的自始至终都参与课题的科研人员，所以在大家的共同推举下，他成为1979年度诺贝尔化学奖候选人，是中国

1978年，钮经义（三排左二）参加胰岛素全合成总评会议留影

人民日报

我們一定要有无产阶級的雄心壮志，敢于走前人没有走过的道路，敢于攀登前人没有攀登过的高峰。

毛泽东思想武装的中国人民有志气有能力攀登前人没有攀登过的高峰

我国在世界上第一次人工合成結晶胰島素

科学工作者在毛泽东思想指导下，经过六年多的艰苦工作，为我国夺得了这项理论科学研究的"世界冠军"。这一杰出的重大成就，标志着人类在揭开生命奥秘的伟大历程中迈进了一大步，为生命起源的唯物辩证学说取得了一项有力的新论据。

胡志明主席写信支持美国人民正义斗争

1966年12月24日，《人民日报》关于人工合成结晶胰岛素的报道

钮经义（中）与同事讨论多肽合成新方案

获诺贝尔奖提名的第一人。但令人遗憾的是，在那一年10月公布的获奖名单中，没有钮经义的名字，诺贝尔化学奖得主是美国人布朗和德国人维蒂希。

1982年获得国家自然科学奖一等奖时，钮经义将这份荣誉归功于团队的奋斗。他曾说：“我应该再次感谢整个胰岛素合成工作中所有参与者的奉献精神，作为始终参加此项工作的一员，我只是尽了一份绵薄之力。”

当时有很多科学家为中国人工合成结晶胰岛素未获诺贝尔奖而打抱不平。没有获得诺贝尔奖固然令人惋惜，但并不值得抱怨，因为一项具有开创性的科学发现，其科学价值是无法用金钱和荣誉来衡量的。

在合成蛋白质的工作完成之后，钮经义并没有停下科学研究的脚步。改革开放后，“科学的春天”到来，钮经义继续带领课题组进行多肽合成方法改进的研究。他始终保持着年少时的那份心性，坚守在科研一线。20世纪80年代初期，他带领团队合成了胰岛素原C肽，并与北京海军总医院合作，完成了C肽放射免疫测定药箱的研制，荣获1983年度国家技术发明奖二等奖。

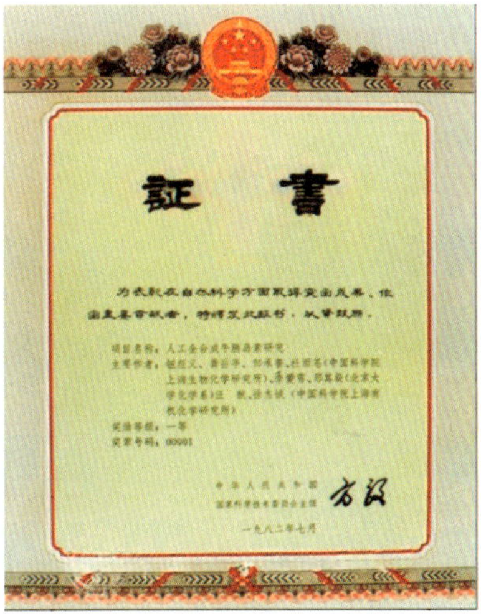

1982年，钮经义获国家自然科学奖一等奖证书

钮经义在醉心科研的同时，还不忘悉心培养学生，提携后辈。据他的学生回忆，钮经义总是支持学生在不违背实验室整体研究方向的情况下自主选择课题。他还帮助学生组建团队，鼓励大家自由探索，激发学生在科研创新方面的潜能。

在近五十年的教学和科研生涯中，钮经义在国内外重要刊物上发表了四十多篇论文，为国家培养了大量科研人才。他将毕生的心血奉献给了他热爱的科学事业，为国家发展和民族复兴贡献了力量。

岁月无言，但以钮经义为代表的一代代科学家为祖国科学事业作贡献，以信仰铸就奇迹，以家国情怀撑起新中国科技发展的脊梁。他们用智慧、勇气和坚守探索科学真理的精神底色，激励着无数后来者不断向更高、更远、更深处求索。

## 精神闪耀

钮经义在人工合成胰岛素项目中发挥了关键作用，他精心设计合成路线，为中国于1965年在世界上首次用化学方法人工全合成蛋白质作出了重大贡献。

他不仅在科学上高瞻远瞩，为人处世上也是后辈学习的楷模。他淡泊名利，爱护后辈，他做科研不为名、不为利，只为国、为提携后学。

在人才培养方面，钮经义通过实际科研工作培养出一批多肽化学研究人才，他给予学生最大的支持就是在符合实验室整体研究方向的情况下放手让他们自己选择课题，培养他们独立开展科研的能力。

钮经义胸怀祖国、服务人民的爱国精神，勇攀高峰、敢为人先的创新精神，追求真理、严谨治学的求实精神，不计名利、潜心研究的奉献精神被广泛传颂，激励着一代又一代的科研工作者。

钮经义曾被推举为1979年度诺贝尔化学奖候选人，也是我国获诺贝尔奖提名的第一人。尽管由于种种原因，他最后并未获奖，很多人也为之惋惜，但钮经义大抵是不为此挂怀的。毕竟，在他看来，科研事业是他一生的兴趣所在，殚精竭虑只因拳拳报国之心，有幸取得的一些成绩是团队共同奋斗的结果。

## 院士小传

钮经义（1920—1995），江苏兴化人，中国科学院学部委员（院士）。

1935年，钮经义考入浙江省立杭州高级中学。1942年毕业于国立西南联合大学化学系。1953年获美国得克萨斯大学哲学博士（生物化学）学位。曾任中国科学院上海生物化学研究所研究员。1980年当选为中国科学院学部委员（院士）。

钮经义运用部分肼解和酶解的方法解决了烟草花叶病毒蛋白亚基C端排列存在的问题。在人工合成胰岛素的研究中，对制订合成方案，氨基酸的制取、合成方案的设计，肽段合成和最终产物的分离、处理，以及胰岛素B链的合成都作出了贡献，并提出了合成胰岛素原C肽的新方法。在国内率先开展了多肽合成研究工作，合成了催产素。获国家技术发明奖二等奖和国家自然科学奖一等奖等。

执笔：吴亚骏

# 都有为

## 磁性材料科学的领航者

许多科学家的成就大多是年轻时取得的，青年时期是思维最活跃的时期，大学生在校学习时一定要珍惜时间，给自己的人生打下基础。

那年都有为要步行一个半小时去上学，时常因下大雨不能回家而饿肚子；那年他休学在家边劳动边自学，采茶叶、挖红薯、喂鸡、养鹅；那年他在厕所昏黄的灯光下如饥似渴地阅读，将眼睛熬成了高度近视。

时代到处是惊涛骇浪，他埋下头，心无旁骛地执着求索。在“一穷二白”的年代，他挺起胸，克服困难白手起家。37岁时被称为“破烂王”的人，在69岁时成为院士。那个信誓旦旦要为中国干一番事业的孩子，哪怕脚踏泥泞，俯首躬行，也终让磁学在荆棘中开出花朵。

## 行坚意笃不言弃

1936年10月，都有为出生在杭州西湖边的茅家埠，出生时家境尚为殷实，二哥都锦生开办了一家颇具规模的丝织厂，都家的院子是当时村里最大的宅院。

都家算是书香门第，家中藏书众多，全家都养成了爱看书的习惯。都有为至今都记得小时候父亲对他的教导：“你的财富可能被水淹、被火烧、被偷、被抢，只有你脑袋里的知识，才能永远跟着你。”这使得他后来无论身处何种境地，都始终牢记着只有努力学习，把所学的知识变成自己的财富，才能立足于这个世界，为社会作贡献。

1937年12月，日军攻入杭州，都家遭到日军洗劫，一家人在战乱中东躲西藏，艰难为生。局势安稳后，二哥都锦生不愿出任杭州日伪政府的商会会长，导致生意兴旺的丝织厂倒闭，家庭状况一落千丈。都家已成年的子女各奔东西以寻求发展，年幼的都有为和其他兄弟姐妹则与父母共同留在老宅。1943年，都锦生因积劳成疾在上海病逝，都家的生活变得更加困难。父亲年老多病，母亲挑起了生活的重担，都有为也干很多农活，采茶、养鸡、喂鹅、喂猪……

尽管当时局势并不好，都父和都母还是尽可能地将孩子们送去学校读书。在这艰难的环境中，都有为利用一切机会坚持勤奋学习。1947年，他进入杭州市立中学（今浙江省杭州高级中学）初中部学习，因为没有条件住校，他就早出晚归，每天步行一个多小时去上

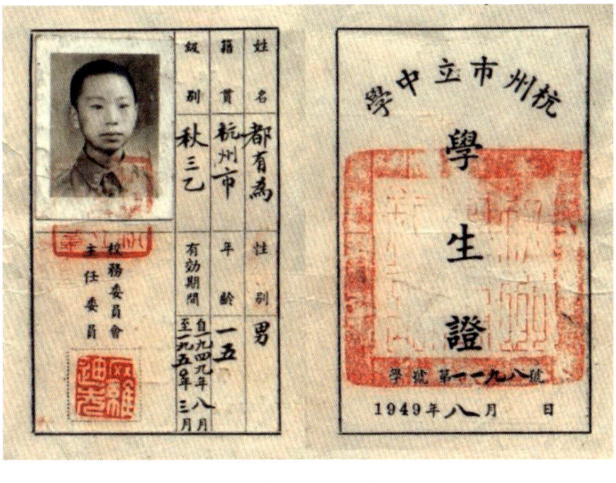


都有为初中学生证

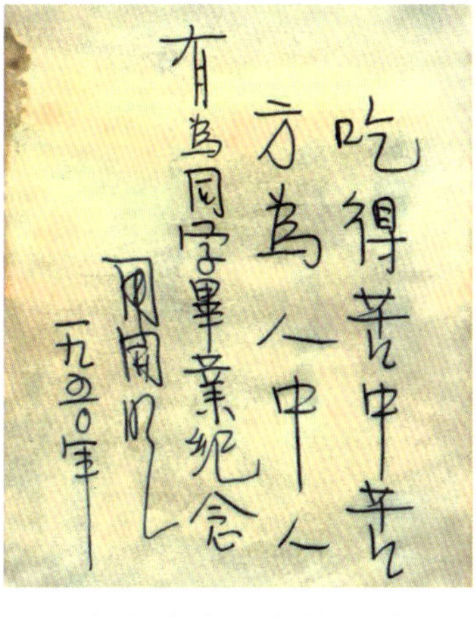


1950年都有为初中毕业时，化学老师周开明送给他的毕业赠言

学；遇到小雨天气，就冒雨跑回去；雨比较大的时候，只能饿着肚子在男生宿舍跟同学挤一挤。

1950年，都有为没能顺利进入浙江省立杭州高级中学（今浙江省杭州高级中学，以下简称“杭高”），他在家边劳动边自学，于次年2月顺利通过考试进入杭高读书。杭高从1945年后一直都只在秋季招生，只有1951年多了一届春季生，而且是与1950年秋季入学的学生同时毕业，都有为恰好抓住了这个机会。“进入杭高的难度和成为杭高人的荣耀是成正比的”，即使时光流逝数十年，都有为回忆起当年考入杭高的情景时依旧激动不已。

谁知刚上了一年学，他又因家庭变故而休学。在家劳作期间，都有为没有丢下书本，心里一直想着重返课堂，半年后他进入杭州私立宗文中学，直接插班到高三就读。因为落下了一年的功课，都有为需要比别人花更多的时间和精力，好在他之前的基础比较扎实，经过一番努力，他的成绩逐渐赶上了其他同学，其中两三门课还得到了优秀。

“当时物理老师建议我考南京大学物理系，当时我对南京大学、对物理也并不是很熟悉，但还是听从了老师的建议，事后发现这条路是对的。所以人的一生当中有很多重要的转折点，有很多的机遇，你抓住了就是抓住了。假如我不听物理老师的话，去学其他专业，可能就不行了。”

1953年，都有为如愿考取南京大学物理系。条件依然艰苦，但他更加勤奋努力地学习，在施士元、魏荣爵、程开甲、鲍家善、徐躬耦、程濬等学术大师的熏陶下，他逐渐显现出自己在理解物理现象和规律方面的才能和优势。学习之余，他酷爱看书。宿舍晚上十点就关灯了，他就带着中外名著到卫生间，就着昏黄的灯光如饥似渴地阅读，不论寒暑。每当遇到困难，他时常会想起书中牛虻的坚韧不拔，保尔·柯察金的朝气蓬勃、一往无前，从而乐观面对困难、克服困难。爱因斯坦曾说过："想象力比知识更重要。"科学侧重于逻辑思维，文艺侧重于形象思维，而文理兼修则有利于拓宽思路。

1956 年，南京大学物理系建立磁学专业，微波物理学家鲍家善任磁学教研室主任，都有为成为磁学专业第一届学生，从此与磁学结缘。

1957 年，都有为大学毕业后留校任教。从那时起，他虽因时代跌宕起伏而历经坎坷，但始终没有离开过磁学。后来，他又赴灵山挖煤矿、挖防空洞、给在建的长江大桥拉黄沙……甚至有十余年时间，他都没有好好翻过一次专业书，更别提开展一项实验了。"逆境时不应消沉，顺境时不该骄傲，只有不断奋斗、拼搏，才能实现人生的价值。每个人都应当为社会做一些有益的事，才无愧于来一趟滚滚红尘。"都有为从未因条件艰苦而放弃自己的学术追求。

1963 年，都有为（前排右二）参加第一届全国磁学和磁性材料学术会议时和与会人员合影

1972年，南京大学开始逐步恢复教学秩序。然而，当时的科研条件异常艰苦，一切基础设施亟待重建，几乎是从零起步。在如此背景下，都有为只能在南京大学北大楼地下室的一间面积约30平方米的公用实验室里做实验，尽管这间简陋的实验室内除几台高温炉设备外，几乎空无一物。于是都有为和同伴陆怀先便当起了“破烂王”，四处捡拾废弃的工具与材料，再拿回那间狭小的实验室中东拼西凑，制备样品，自己动手做测量设备。实验室冬冷夏热，黄梅天甚至要穿着雨靴工作。就是在这样艰苦的条件下，都有为脚踏泥泞，俯首躬行，白手起家，让磁学在荆棘密布的困境中不断生根发芽，从“土设备”里研制出了磁记录颗粒、永磁磁粉等各种样品，每年都有论文在当时国内物理界最高水平的学术刊物《物理学报》上发表，不断为我国磁学基础理论的发展积蓄力量。

20世纪80年代，都有为在实验室工作

1985年底，在冯端院士的推荐下，都有为赴美参加“中美凝聚态物理合作计划”，开展高温超导氧化物材料研究。留学期间，都有为全心投入高温超导材料的研究，与其他科研人员合作，一共发表论文20余篇，被SCI（科学引文索引）刊物引用880余次。但越是取得成功，他越觉得焦急，因为在这里他深深地体会到国内磁学研究与国际前沿研究之间的差距，强烈的责任感和爱国主义情怀无时无刻不在提醒着都有为，一定要改变我国磁学落后的状况。1988年，国内科研条件依旧简陋，实验室依旧一穷二白，都有为结束了两年的留学生涯，重新回到南京大学，放弃了国外高温超导材料的研究，重返磁学与磁性材料领域。随着科研环境与条件的逐步优化与提升，都有为团队不断拓宽研究视野，深入探索纳米磁学的广阔领域，并在这一前沿科学中取得了一系列创新性成果。

## 永矢弗谖中国梦

磁学作为一门专业性极强的学科，极具应用导向性，其核心价值在于将实验室内的科研成果成功转化为实际应用的产品，从而在社会经济领域创造出实质性的价值。面对这一问题，都有为一直在产学研结合的道路上不懈地探索。

1980年，江苏、浙江的磁性材料厂越来越多，各地采用土办法生产的小工厂很多，缺少技术人员和技术工人，产品的优良率低，销路不佳，库存积压，都有为在为国有大厂服务的同时，也应小厂所求，上门解决技术、工艺问题。那时候南京大学的不少学生被分配到各地的企业，只要听说都有为出差到某地，很多学生都要请他到工厂里进行指导，对于向他求助的人，他向来都是知无不言，言无不尽。

1982年，浙江诸暨的一家磁性材料厂因技术力量薄弱、产品质量不佳，出现产品大量积压甚至报废的问题，企业濒临倒闭。该厂有人偶然看到都有为撰写的《永磁铁氧体工艺进展》《永磁铁氧体的基础研究》，深受启发。厂长沈乃玄亲自前往南京大学，诚挚邀请都有为出任该厂的技术顾问。在确保不影响校内教学、科研任务的前提下，都有为欣然应允，并先后7次亲临工厂举办专题讲座，不仅在课上深入浅出地传授专业知识，课后还耐心辅导技术骨干，为职工们解答各类技术疑问。此外，他还频繁给该厂寄讲义、资料，并在长达一年多的时间里，陆续给该厂写了数十封信，不厌其烦地解答各种技术难题，细致入微地提出操作注意事项，极大地提升了职工的技术水平。都有为帮助该厂成立了攻关小组，推荐盛振翔工程师到该厂，把“提高钡铁氧体磁能积”作为突破口，将改造老旧设备作为提高产品质量的关键。通过技术改造和设备升级，该厂很好地解决了产品不达标的问题，当年便实现扭亏为盈，半年盈利27万元，产品不但行销国内，还远销海外。多家媒体纷纷就此进行报道，该项目也因此获得1983年度浙江省科学技术进步奖二等奖。

日程紧凑的都有为，经常为行业内中小企业的成长而忙碌奔波。“工厂生产商品，不像我们去商场买东西，一手交钱，一手交货，资金链是一个很大的问题，所以创业不易，也要慎重，发展制造业很难，有能力就应该多帮忙。”在学生积极投身创新创业的热潮中，不缺技术、人才，最缺的是资金。有的学生在创业时遇到了困难，打电话向恩师倾诉心事，这再正常不过了。但都有为听后常常二话不说，自己为爱徒做担保。有了这位学科带头人的担保，投资者心里的石头很快就落了地，初创的公司也就有了资金。

“国家的兴旺发达主要靠实体经济，生产磁性材料就是实体经济的一种，要形成扶持初创企业的风气，因为只有实体经济达到世界一流水平，我国在世界上才能是一流的。”只要有企业想在磁性材料上有所作为，都有为都会不计报酬，热心地提供帮助。他是这么想的，也是这么做的。

“20世纪，我们衡量一个国家的财富，主要看它的自然资源、陆地面积、人口和军队。21世纪，一个国家真正的财富在于其国民的创造性和创造能力。”一段时间以来，美国在高科技领域对中国的打压，特别是在芯片上卡中国的“脖子”，让中国科技界如鲠在喉。面对当今严峻的国际科技发展形势，都有为认为，要想在芯片上实现“自由”，甚至赶超世界先进水平，只有不断创新才能找到出路。在国内大多数企业将主要精力集中在半导体芯片上时，都有为充分认识到自旋芯片可能会是一条新路。2009年，他积极向中国科学院提交报告，并转呈至国家相关部门，旨在呼吁加强对自旋芯片领域的研究与产业开发，以推动科技进步。2013年底，他再次以院士的身份，通过建言献策的方式，郑重提交报告，强烈建议国家加大对自旋芯片研发的支持力度，力求通过这一前沿技术实现我国在芯片领域的“弯道超车”，从根本上解决我国在芯片领域面临的“卡脖子”难题。同时，他还通过自身的影响力和努力，促进国内企业间合作、校企合作，以加强自旋芯片的研发和应用。

都有为在会议上发言

如今，都有为已进入耄耋之年，但他依然心系中国磁学产业发展，不知疲倦地奔走于各类与磁性材料相关的会议，悉心培养中国磁学人才，以深厚的学术造诣、宽广的学术视野，继续活跃在磁学和磁性材料科研领域的第一线。

在紧锣密鼓的科研和教学工作之余，都有为不忘回馈社会，每年都会特意腾出时间参与科普教育活动，深入各所高校，用生动风趣的方式传播磁学知识，传递科学创新、科研报国的正能量。他深情寄语年轻一代，强调：理想是人生的精神支持，而事业则是承载理想、使之落地的坚实平台；唯有不懈奋斗，方能通往理想的彼岸。

“都伟”，是他曾经的名字。他长大后，因为对“有为”二字的喜爱，给自己改名为都有为，这个名字蕴含着希望每个中国人都能有所作为的意义。

无论是做学问还是做人，都不要抱有高高在上的态度，而是要到群众中去，切实地解决问题，做自己力所能及的事情。看着创新和传承以多种形式在全国开花结果，此生足矣。了却家国天下事，白发苍苍终不悔。

## 精神闪耀

都有为出身书香门第，家中藏书众多，从小就养成了阅读的好习惯，岳飞精忠报国的故事更是深深烙印在少年都有为的脑海中。从那时起，他就立下志向，作为中国人，应该为中国干一番事业。至今，都有为办公室的墙上还挂着“人生自古谁无死，留取丹心照汗青”的字幅。一世清心酬岁月，半生壮志奉全心，为社会作贡献是他一生的志向。

艰苦的学习环境磨炼着人的意志，但都有为从未想过要放弃。初中阶段他步行一个半小时去上学，高中阶段他休学一年，边劳动边读书，最终艰难地完成了学业。虽因时代跌宕起伏而历经坎坷，但他始终没有离开磁学研究。

都有为一生致力于磁学研究，不断挑战未知领域，从高温超导氧化物到磁性超细微粒材料，再到自旋电子学、纳米磁性研究，不断谱写创新发展新篇章。

从1957年大学毕业后留校任教至今，60多年的磁学教研生涯中，都有为始终与国家科技事业的发展同频共振，而自强不息、自主创新的精神也一直贯穿于他的奋斗历程……

## 院士小传

都有为，1936年10月出生于浙江杭州，磁学与磁性材料专家，南京大学物理系教授、博士研究生导师，中国科学院院士。

1947年，都有为考入杭州市立中学；1957年自南京大学物理系毕业并留校任教。1985—1988年赴美国约翰斯·霍普金斯大学任天文物理系客座教授，后回国任职于南京大学。2005年当选为中国科学院院士。

都有为长期从事磁学和磁性材料的教学和研究工作，开展了磁性、磁输运性质与材料组成、微结构关系的研究，在磁光效应、反常霍尔效应等方面取得了重要的研究成果。他积极推动科技成果的转化，组建了纳米材料磁性研究课题组。迄今为止，该课题组共发表SCI论文800余篇，被引用逾万次，获国家发明专利授权24项，编著（含合著）图书10余本。他先后获国家自然科学奖二等奖、江苏省科学技术奖一等奖等。

执笔：曾思颖

# 钱　宁

## 当代泥沙运动及河床演变学派创始人

科学是老老实实的学问，来不得半点虚假，需要下苦功夫。黄河治理是一个长期而复杂的过程，需要几代人的共同努力。

1955年的一天，当钱宁夫妇回到留学生寓所时，几名来自美国联邦调查局的工作人员，已经在屋中等候他们多时了。

“美国这么文明和富有，你们为什么非得要回自己的国家？”联邦调查局的人问他们。

“美国确实很好，但就像做客，你家客厅再好，沙发再软，那是你家的，不是我们家的。”钱宁回答。

其实，早在1951年，钱宁就获得了美国加利福尼亚大学伯克利分校的博士学位，与此同时，他还收到了清华大学的聘书。

那时，中华人民共和国刚成立，百废待兴，急需人才，但美国移民局规定，理工农医科的中国留学生，学成后不能回到中国。

钱宁并未因此放弃回国的念头。他突破重重阻碍，终于得以回归祖国母亲的怀抱。即便他即将踏上归途，美国联邦调查局仍心有不甘地前来盘查。

## 弃文从理

钱宁的父亲是杭州人，早年毕业于清华学堂高等科。1922年12月4日，钱宁出生于南京，自幼受到书香家庭的熏陶。他的弟弟钱理群，日后成为北京大学中文系资深教授和中国著名人文学者，主要从事中国现代文学研究，鲁迅、周作人研究等。

钱宁读书非常刻苦，学业全面发展，写得一手好文章，数学、物理、化学各科成绩均名列前茅。

他的少年时代是在兵荒马乱中度过的。为了躲避战乱，父亲带着全家一路从南京逃到长沙，再从长沙逃到重庆。

1931年，钱宁进入蕙兰中学（今浙江省杭州市第二中学）就读。彼时的他酷爱文学，梦想着成为文学家，心中怀揣着对梦想的美好憧憬。

但抗日战争打破了他成为文学家的梦想。在颠沛流离的生活中，钱宁目睹百姓流离失所，饱受战火蹂躏、列强欺凌之苦，挣扎在生死线上。钱宁非常苦闷，时常思考国家和民族的出路在哪里，并就此立下救国之志，要成为改革者、建设者、推动者。

在中央大学（重庆）土木工程系读书时，钱宁在课堂上听老师讲授中华民族的黄河治理史。历史上，黄河一方面是孕育中华文明的“母亲河”，另一方面，也是给两岸人民带来巨大灾难的“问题河”。黄河肆虐泛滥，决堤和改道情况频频发生，给两岸人民留下了无尽的惊悸和悲怆。据黄河水利委员会统计，3000年来，黄河下游决口泛滥约1500次，较严重的改道情况出现了二三十次。决堤、淤积、改道，让这条大河变成令人束手无策的“洪水猛兽”。

尽管黄河的泥沙问题已刻不容缓，但直到20世纪40年代，世界上研究黄河泥沙问题的权威专家竟然仍是外国学者。中国人能为黄河做点什么呢？这大大激发了钱宁立志要治理黄河、为人民做点实事的责任感和使命感。于是，他主动选择了水利工程专业，决心解决“黄河泥沙”这一难题。从此，“黄河泥沙”成为他人生中的关键词，勾连起钱宁一生中的诸多精彩华章，也陪伴他至生命的最后一刻。

## 回到“母亲河”

1949年，钱宁在美国加利福尼亚大学伯克利分校留影

1947年，钱宁赴美国留学。

起先，他进入美国爱荷华大学水利系就读，师从流体力学领域的权威学者亨特·劳斯教授。后来，他又转入加利福尼亚大学伯克利分校就读，师从物理学家爱因斯坦之子、泥沙学界权威专家汉斯·阿尔伯特·爱因斯坦。1951年，他获得美国加利福尼亚大学博士学位。

在导师爱因斯坦教授的悉心栽培下，刚刚30岁出头的钱宁就已崭露头角。在这段时间里，导师和他联名发表过多篇学术论文，这些论文多次被各国泥沙学者引用。他们提出的“爱因斯坦—钱宁方法”，至今仍是动床泥沙模拟试验的权威方法之一。

中华人民共和国成立后，钱宁毅然放弃了在美国优越的工作和生活条件，准备回国开展研究。导师爱因斯坦教授希望钱宁留在美国继续研究，极力挽留他。但钱宁深知，黄河是世界上含沙量最大的河流，在中国，有很多像黄河一样面临严峻泥沙问题的河流，亟待研究和治理。钱宁不忍祖国人民饱受河流泥沙问题的困扰，也没有忘记远渡重洋出国求学的初心，毅然决然地选择学成归来，报效祖国。

1955年，钱宁冲破重重阻力回到祖国，踏上了他“治理祖国大江大河”的新征程。回国后，他担任中国科学院水工研究室研究员。

他的导师爱因斯坦教授的治学主张是“到野外去”。作为最受导师器重的学生之一，钱宁重视野外考察的理念与导师一脉相承。

1955年11月，钱宁第一次考察黄河，在秦厂水文站度过了33岁生日。他曾在一篇回忆文章中写道：“那天晚上，月华如洗，我依稀听到黄河滔滔的流水声，想到自己终于来到了黄河之滨，今后也许能为黄河做点工作，不禁心潮澎湃，久久不能入眠。”从那一刻起，钱宁便全身心投入其中，开启了追逐一生的“黄河梦”。

## 追逐一生的“黄河梦”

1959年，钱宁在郑州花园口黄河滩地考察一座由施工人员偶然挖出的古墓时，发现该墓葬历史时期淤积下来的泥沙比黄河河床上的泥沙要粗得多，这一现象引起了他的注意。

回到郑州后，他开始广泛收集河床钻孔资料。很快，他发现淤积在河床深处的泥沙都比表层泥沙粗，绝大部分河床深处的泥沙粒径都大于0.05毫米。20世纪50年代的水文统计资料显示，多年平均粗泥沙量达3亿～4亿吨，占黄河下游总沙量的20%。

“这样看来，防止黄河下游泥沙淤积恶化，主要应控制这部分泥沙。”钱宁在日记中写道，“那么黄河中游黄土高原的水土流失区是否存在一个比较集中的粗泥沙区？这个问题可作为水土保持工作的重点和亟待研究的关键课题。”

1962年，我国准备第二次制定黄河规划时，钱宁带领科研人员一路深入黄河中游，调查各地的地表物质组成。

受限于当时并不便利的交通工具，以钱宁为首的科研人员只能坐长途汽车、搭敞篷卡车，有时候“屁股下垫块砖，一坐就是一路”。每到一个县城，他们先找地方住，再步行勘探附近的河流，一个地方的工作做完了，再转战下一个县城。

就这样，从延水、无定河、大理河，再北上到榆林的榆溪河，南下西行到靖边的芦河，再经定边、安边、盐池到清水河，最后翻过六盘山，沿泾河、渭河回到西安。在这个过程中，钱宁迅速召集研究团队，开展全方位的勘探和分析工作，从黄河上游、中游、下游，一直到河口，行程达2200余千米，几乎跑遍了黄河流域所有重要的支流，积累了丰富的原始资料和数据。

最终，分析这些资料和数据后得出的结果不仅证实了钱宁的猜想，还划定了治理黄河水土流失的重点区域，将治理黄河水土流失的重点区域集中到4万平方千米的粗沙来源区，节省了大量的人力和物力，这对科学规划“治黄工程”具有极为重大的意义。

钱宁团队首创性地提出“黄河中游粗泥沙来源区理论”，获得了国家自然科学奖二等奖，该理论被学界誉为“治黄指导思想上的重大突破”，标志着我国水土保持工作从此有了科学的指导理论。

大胆创新、严谨求真是钱宁一贯的治学理念。在这种理念的驱使下，钱宁带领团队在这个“黄河梦”里继续奋战，日日如此，年年如此。聚沙成塔，集腋成裘，钱宁的研究成果逐渐演变成泥沙运动理论的一个重要分支，在国内外学术界引起了强烈反响，国际水力学研究协会主席称之为“泥沙理论的一块里程碑”。

1973 年，钱宁调入清华大学水利系任教授。那时他就深刻意识到，黄河的泥沙问题是世界上最复杂的泥沙问题之一，仅依靠科学理论的指导，单靠几个人的研究是远远不够的，必须建立一支高素质的泥沙研究人才队伍。于是他在学科建设方面确立了两大战略目标：培养新一代高素质泥沙研究人才和推动泥沙研究走向世界。中华人民共和国成立之初，我国泥沙研究的基础还十分薄弱，甚至连一本权威的泥沙专业教材都没有。钱宁利用自己多年积攒下来的手稿，根据学科前沿进展和中国国情，编写成数百万字的著作——《泥沙运动力学》，这部著作被我国众多从事泥沙研究的学者奉为圭臬。

1986 年 12 月 6 日凌晨，钱宁的心脏永远停止了跳动。遵照他的遗愿，亲友将他的部分骨灰撒入他心系一生的黄河。

1973年，钱宁（中）考察山西汾河和镇子梁水库

钱宁（左一）与研究生讨论学术问题

## 精神闪耀

他师从汉斯·阿尔伯特·爱因斯坦，和导师共同提出了被泥沙学界沿用至今的“爱因斯坦—钱宁方法”；他开创性地提出“黄河中游粗泥沙来源区理论”，他是高含沙水流研究的先驱、开创者和组织者；他是国内第一位讲授“泥沙专业”课程的教师，曾主持编写了我国第一部泥沙专业权威教材。他将毕生精力无私地奉献给了中国水利事业。他就是著名的泥沙运动及河床演变领域的专家钱宁教授，被尊称为“中国水利人的精神丰碑”。

作为泥沙实验室的创始人，钱宁是清华大学水利系的学术带头人。他主持了清华大学对三峡工程泥沙问题的论证工作、葛洲坝回水变动区的泥沙模型试验，指导了重庆港的模型试验，在病危期间还指导撰写了《关于长江三峡的几个泥沙问题》的论文，该论文被国内外多家刊物转载和引用。他深厚的学识和独具特色的人格魅力将永远留在人们心中。

## 院士小传

钱宁（1922—1986），浙江杭州人，泥沙运动及河床演变专家，中国科学院学部委员（院士），清华大学水利系教授。

1943年，钱宁毕业于中央大学工学院土木工程系；1948年获美国爱荷华大学硕士学位；1951年获加利福尼亚大学博士学位；1980年当选为中国科学院学部委员（院士）；倡导成立国际泥沙研究培训中心，并创办了英文版《国际泥沙研究》杂志。

钱宁长期从事泥沙问题及其治理的研究，开展了高含沙水流运动机理研究。钱宁团队的“集中治理黄河中游粗泥沙来源区”研究成果，被学界誉为“治黄指导思想上的重大突破”。先后著有具有极高的理论价值及实用价值的《泥沙运动力学》《河床演变学》等著作，主编了《高含沙水流运动》一书。

执笔：潘卓盈

# 徐匡迪

## 钢铁冶金工程的巨匠

我们这一代人有一个很坚定的信念，就是要为国家、为人民贡献自己的一切。

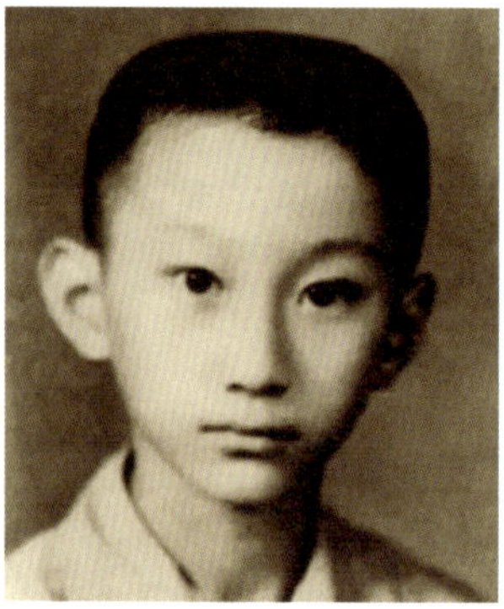
少年徐匡迪

1937年，日本发动了全面侵华战争，无数百姓在战乱中流离失所、背井离乡，中华民族面临着前所未有的危机。这一年，一个男婴在全家逃难的路上呱呱坠地，为了寄托爱国之情与抗敌之志，家里给这个刚刚出生的男婴取名“徐抗敌”。谁也未曾想到，这个男婴后来成长为一代冶金巨匠，在多个领域获得无数荣誉。

## 少年勤学，立志献身钢铁事业

徐抗敌的童年是在云南昆明度过的，在西南联大附小就读时，一位老师将他的名字改为“匡迪”，意为“匡扶正义，迪吉平安”。这个颇具深意的名字或许正预示着徐匡迪的一生都将与祖国的命运紧密地联系在一起。

抗战胜利之后，他随家人回到了浙江，在杭州定居。1951年，徐匡迪以优异的成绩考入浙江省杭州第一中学（今浙江省杭州高级中学，以下简称“杭一中”）。高中三年对他的人生影响巨大，即便到了今天，这位已到耄耋之年的老人依然会说：“我爱母校，最爱的是杭一中！”

“杭一中的老师都很优秀，”徐匡迪非常自豪地告诉陪同他访校的领导和校友们，“我当时的数学老师叫司雅珊，是北大数学系毕业的。当时我和同学陈公达看她年轻，不了解她的数学水平如何，就去买了一本难题集，选了一道自以为最难的题来考她，结果她马上就把解法写在黑板上，跟答案里的一模一样，而且她还说：‘这个是难题集第××题，这道题还有更好的解法。’我们马上就对她佩服得五体投地。”徐匡迪哈哈大笑，眼睛里散发出的光芒和从前那个少年如出一辙。说到这里，他还从怀里掏出一张纸条，缓缓打开，纸条上工工整整地写着他在杭一中就读时各位任课老师的名字，他将纸条递给杭州高级中学的老师们，非常认真地说：“我想了解曾经教过我的老师们现在的情况。”在场的人们无不为之动容。

徐匡迪（第四排左二）就读杭一中时的集体照

“那时候我还和两名同学一起测量‘西湖水的酸碱度’呢，一年365天，每天都到同一个地点取水样进行检测。”回忆起高中时代的往事，徐匡迪依然觉得如在昨日。杭一中离西湖不远，步行二十多分钟就能到，徐匡迪经常和小伙伴们到湖边玩。有一次，徐匡迪发现西湖居然没有湖水酸碱度的记载，于是，他每天和同学带着测量仪器去采样，终于测定了湖水的酸碱度。一时间，徐匡迪测量湖水酸碱度的事迹在校园内传为美谈，他也多了一个“西子湖畔科学家”的称号。对世界的好奇心与求知欲，早已在少年徐匡迪的心里萌芽。

徐匡迪不仅热衷于科学，而且兴趣爱好十分广泛，校田径队、合唱队、管弦乐团里都有他的身影，他甚至还差点走上专门学习音乐的道路。“我中学毕业时，艺术院校先进行招生，我预考了中央音乐学院、上海音乐学院，结果被西安音乐学院录取，但我没去。”徐匡迪半开玩笑地说。

2018年11月6日，徐匡迪参观“杭高讲坛”

青年徐匡迪

徐匡迪报考大学时，正值中华人民共和国第一个“五年计划”实施阶段，全国的工作重点是布局现代工业体系，而钢铁冶金是现代工业的基础。当时报纸的头版头条总是在介绍鞍钢建设的相关事迹。“钢铁工业是一切工业的基础。”“一个（是）钢铁，一个（是）粮食，有了这两样，什么事情都好办了。”这两句话给他留下了深刻的印象，他决心将钢铁冶金作为自己毕生的事业。尽管当时成绩优异的徐匡迪考清华大学等许多理工科名校也有很大希望，但他还是毅然决然地迈入了刚刚成立的北京钢铁工业学院（今北京科技大学）的大门。从此，他便与钢铁结下了不解之缘，一干便是五十余年！

北京钢铁工业学院学风严谨，徐匡迪对专业的学习精益求精。大学期间，他门门功课几乎都是满分。据大学同学回忆，徐匡迪特别好学，每次课堂上师生讨论问题时，他总是抢着举手发言。图书馆一直是徐匡迪最爱去的地方，哪怕留校任教后，他仍是图书馆的常客。通过大量阅读，徐匡迪积累了许多知识。

一次，冶金领域泰斗、时任学校教务长的魏寿昆先生到图书馆查阅书籍。当走到存放冶金类书籍的书架前时，他不禁皱起了眉头：美国钢铁冶金的最新期刊已被“搜刮一空”。询问了图书管理员后，他看到了正专心致志学习的徐匡迪和他身边一摞高高的书。

在北京钢铁工业学院崇尚实践的氛围中，徐匡迪打下了扎实的学术功底。大一开始每周半天的金工实习，大二暑期在钢铁联合企业的认知实习，大三暑期的生产实习，让他掌握了炉前工的技术操作；大四的炉长实习，让徐匡迪学会了判断炉况，可以指挥炉钢的冶炼全过程；毕业实习时，徐匡迪在导师关毓龙教授的带领下到大连做毕业设计。当时，大连钢厂的全国劳模刘鸿喜凭借多年的工作经验，对炼钢过程中的一个环节进行了技术创新，但不能把它上升到理论高度。徐匡迪在关毓龙教授的指导下对这一技术创新进行了理论研究，完成了毕业论文《电炉炼钢薄渣吹氧》。徐匡迪在回忆大学的实践教育时感触颇多，他认为实践教育最根本的意义，并非在于学习操作，而在于教会了他如何做人、怎样治学。北京钢铁工业学院崇尚实践的治学传统令他受益终身。

## 扎根科研，推动技术进步

大学毕业后，徐匡迪先后在北京钢铁工业学院、上海工学院、上海机械学院任教。

在校任职期间，徐匡迪不断将自己的热血倾注于热爱的钢铁领域，经常通宵达旦，刻苦钻研国际先进技术，积极到一线工厂进行实践操作，迅速在科研和教学中崭露头角。1963年，他参与了多个冶金项目的研究，解决了许多技术难题，为中国钢铁冶金事业奠定了基础。

在上海工学院工作期间，徐匡迪主持了多个重要项目的研发工作，包括电炉炼钢和喷射冶金技术的研究与应用。他带领团队开发出一系列新型冶金设备和工艺，提高了钢铁产品的质量和生产效率。这些技术不仅在国内得到了广泛应用，还吸引了国际钢铁企业的关注。

20世纪80年代中期到20世纪末，是徐匡迪学术研究的高峰期，他研究的重点也从冶金工艺转向应用理论基础和某些创新性领域。当时他明确了研究的两个标准：一是绝不做“广撒网、多捞鱼”式的研究，而是事先经过周密的热力学、动力学、热平衡计算，争取在完成实验室的条件试验后，一次性进入工业规模试验；二是从学校和学科梯队的实际出发，只能寻找一些新的领域进行重点突破，而不可能“全面出击，配套成龙”。于是，徐匡迪先后选择了喷射冶金、熔融还原生产不锈钢母液、特殊物理场下的凝固和高温拉曼光谱仪及相图计算方法相结合的方法，来测定、推算高温熔渣中的结构和组元活度等。他的成果在国内外都产生了巨大的影响。

徐匡迪说：“只有不断创新，才能让我们的国家在国际舞台上占据一席之地。”这一信念贯穿了他的一生，激励着他不断追求卓越。徐匡迪在钢铁冶金领域的研究取得了许多重要成果，他主持研发的多项冶金技术已被广泛应用于国内外的钢铁生产中，这些技术不仅提高了钢铁产品的质量，也极大地提升了生产效率，降低了能耗和污染。他提出的“拟一级不可逆反应处理法”及锰熔融还原三步反应模式等理论，为钢铁冶金领域的创新发展提供了新的思路。

徐匡迪不仅在科研上不断创新，还积极推动冶金技术的产业化应用。他倡导“科研与生产相结合”的理念，将实验室取得的研究成果转化为实际生产力。他主持研发的SGDF型喷粉罐、高纯度油气管线钢的真空循环脱气技术等已经在国内外得到广泛应用，产生了巨大的经济效益。

## 求真务实，倡导学术新风

徐匡迪是学术新风的倡导者与践行者。投身政界期间，他也未放下教学工作，坚持每周到学校授课，为国家培养了一大批科研技术人员，直至担任中国工程院院长时，才由于工作原因不再带学生。

对于学界的不正之风，他一直身体力行进行抵制，大胆提出批评。一次，在接受媒体专访时，徐匡迪提出了这样的观点：“院士要愿意坐冷板凳，不要热衷于各种活动。”

在他看来，现在一些学者在浮躁的社会风气中难以自持，随波逐流，容易偏离中心。做学术的人，要以一颗平常心看待宠辱得失，耐得住寂寞，抵得住诱惑，将精力集中在科研上，这样才能取得成绩，要向列文·虎克学习，几十年如一日打磨镜片，终成“显微镜之父”。

“执着地追求真理和对科学事业的忠诚”是徐匡迪一直倡导的学术作风，他曾经劝退了一名自己所带的博士研究生，原因就是这名学生没有按照要求踏踏实实进行实验，而是省略中间环节，投机取巧地用计算机模拟了实验结果，这是他最不能容忍的。

## 精神闪耀

徐匡迪在科技、教育、经济、政治、外交等领域多有建树，提出的许多科技思想、发展理念都对相关领域产生了深远影响。

有人给他冠上“科学家”“教育家”等头衔，但他自己始终没有承认，只说自己是某行业人士，比如科研人士、教育人士等。在他的影响下，他的学生、家人、同事也都保持着谦逊的作风。

徐匡迪身上既有海派学者的创新精神，也有传统书生的正直风骨。他从未将官位放在心上，只是想多做利国利民的事情。徐匡迪也很注重家风的培养，他曾给家人提出过“六亲不认”的家规。

他给家人讲述清廉官员的故事，告诫家人自己不会为任何人打招呼求情，不要想着从他身上获得利益；他还教导孩子要靠自己的双手去奋斗，自食其力。在他的影响下，两个女儿刻苦学习，投身学界，先后就读于名校，毕业后回国任教以报效祖国，成为一段佳话。

从徐抗敌到徐匡迪，从徐学长到徐老师，再到徐院士，他一生都在为国家鞠躬尽瘁。

## 院士小传

徐匡迪，1937年12月出生于浙江崇德，钢铁冶金专家，中国工程院院士。

1954年，徐匡迪从浙江省杭州第一中学考入北京钢铁工业学院冶金系钢铁冶金专业，毕业后留校任教。1963年被调至上海工学院冶金工程系工作。曾任中国工程院院长、第十届全国政协副主席。1995年当选为中国工程院院士。

徐匡迪长期从事电炉炼钢、喷射冶金、钢液二次精炼及熔融还原的研究，获得国家级、部委级和上海市重大科技成果奖、科学技术进步奖多项，是第一批享受国务院政府特殊津贴的有突出贡献的科技工作者。

执笔：徐胜

# 徐如人

## 无机合成化学的创建者

我这辈子最高兴的事是我的学生都很出色，他们出国深造后，没有一个不回国的，他们回国就是为了报效祖国。

1952年10月，徐如人提前完成了大学学业，面对中华人民共和国初建时工业基础薄弱与国家对科技人才的殷切期望，他心中燃起了科学报国的熊熊火焰。于是他毅然放弃上海优渥的工作，踏上北上长春的征途，加入当时正蓬勃兴起的东北人民大学（吉林大学的前身）。那个时代，东北的工作环境异常艰辛，严寒的气候、陌生的环境及简陋的生活条件让许多人望而却步，不少人在坚持了少许时日后便默默离开了。然而，徐如人却以非凡的毅力和对国家深沉的爱，选择在这片土地上坚守，这一决定，铸就了他七十多年无私奉献的人生。“这个地方要是人都走了，谁来管？”简短的话语中，流露出徐如人对建设国家的责任感与使命感。

徐如人在吉林大学化学系实验室研究“新型无机化合物的合成”

## 幼年艰难，砥砺成金

1932年3月，徐如人出生于浙江上虞，未及多时，抗日战争的烽火便无情地点燃了这片宁静的土地，为躲避战祸，五岁的徐如人、两岁的幼弟同双亲一道迁徙至浙江西南地区。徐如人的启蒙教育便在那里开始。书本稀缺，上课的老师与教室也难以固定，山洞和寺庙都算是不可多得的“好地方”。尽管环境恶劣，条件艰苦，但此地却聚集了众多学识渊博的教授和学者。得益于此，徐如人受到了良好的启蒙教育。这段经历不仅为年幼的他打开了一扇通向世界的大门，更为他未来投身科研事业奠定了坚实的基础，成为他日后科研征途上不可或缺的基石。

抗战胜利后，徐如人一家迁至杭州。随后，年仅十五岁的徐如人突遭变故，他的父亲不幸因病离世。之后，母亲又不得不离开他们，远走他乡。在身似浮萍、命运多舛、漂泊无依的岁月里，徐如人在科学的世界里看到了希望。1949年，徐如人成功考入复旦大学化学系，之后转学到交通大学继续深造。大学期间，为了维持学业，他便在校外打工。求学生活虽艰苦，但他愈加坚韧，深知安稳的环境来之不易，

1945年，徐如人（前排右一）与父母、弟弟在杭州合影

徐如人（后排左一）在复旦大学进修时与顾翼东教授（前排中间）等人合影

必须争分夺秒地用功，求知之心愈发坚定。

徐如人先后就读于复旦大学和交通大学两所名校。在复旦大学学习时，徐如人曾受教于我国著名无机化学家、教育家严志弦教授。在严教授的指导下，徐如人对化学这门学科产生了浓厚的兴趣。这为他以后从事基础化学的教学和研究工作打下了良好的基础。在复旦大学完成了大学一年级的课程后，徐如人怀着对化学专业的热爱和对交通大学朱子清、顾翼东、苏元复等教授的敬仰，在通过严格的考试后，顺利转学到了交通大学继续深造，直至1952年提前大学毕业。

## 赴北建功，国之栋梁

1952年10月，满怀着对祖国的深情厚谊与建设边疆的坚定信念，徐如人提前结束了大学生活，毫不犹豫地踏上了前往东北人民大学（今吉林大学）的征程，成为该校化学系初创团队中的一员。在学校初建、一切尚待完善的艰难时期，徐如人将个人的全部热情与智慧倾注于教学与科研之中。他常常忘我地工作，夜以继日，饥饿时就在石棉网上简单烘烤些玉米饼果腹，这份朴素与坚韧，成为激励后人的一段佳话。多年后回望这段历程，徐如人淡然的语气中饱含着对国家的深情。“我只是响应了时代的召唤，尽我所能，为国效力。”简短的话语，却字字千钧，彰显了他作为一位科学家和教育家的崇高情怀与坚定信念。在蔡镏生、唐敖庆、关实之、陶慰孙等一众化学家与教育家的悉心栽培下，他全身心地投入化学系的筹建工作。面对当时极度匮乏的物质条件，徐如人与同事们自力更生，用智慧与双手创造出所需的一切：木板条在他们的巧手下变成了实验台，墨水瓶化身为酒精灯，就连水桶也被赋予了新的使命，成为上下水设施的一部分……经过不懈的努力，他们终于成功地为化学系的首届学子们讲授了第一堂实验课。

当时，徐如人不仅要带领学生进行无机化学实验，同时还担任关实之教授的助教。鉴于当时教师资源紧缺，年轻教师急需迅速成长以承担重任，关实之教授决定让徐如人接替自己，为物理系的大一学生讲授普通化学课程。

关实之教授（中）在指导徐如人（右二）等青年教师

面对这一挑战，徐如人深入学习了苏联化学家格林卡的《普通化学》及涅克拉索夫的《普通化学教程》两本书，汲取其精髓。随后，他借鉴了唐敖庆教授构建的课程体系，倾注了极大的心血与热情，历经半年多的不懈努力，夜以继日、废寝忘食地工作，终于精心编纂出了既具理论深度又具实践指导意义的普通化学教学大纲及实验课程大纲。经过徐如人的悉心筹备，物理系的普通化学课程教学取得了显著成效，赢得了学生们热烈的反响与高度评价。这方小小的讲台，不仅为徐如人铺设了坚实的职业基石，更引领他踏上了终身从事教书育人这一崇高事业的道路。随后，历经数载的精雕细琢、内容增补与体系优化，1991年，徐如人精心编著的《无机合成化学》这一专业教材由高等教育出版社正式出版，这标志着国内首部专注于无机合成化学领域的权威著作的诞生。该书的出版，不仅是徐如人在无机合成化学教学与研究领域从初步构想到实践探索，再到持续完善、理论深化的结晶，更标志着他在该领域内成功构建起了一个崭新、系统完备的学科体系，实现了从初创构想到成熟理论的飞跃。

自20世纪70年代中期开始，我国石油化工产业迅速发展，面对该产业的广阔前景，徐如人将自己的研究工作转向与石油炼制、石油化工密切相关的“沸石分子筛合成与结构化学”与“无机合成化学”的基础研究。在无机合成化学领域，徐如人敏锐地洞察到关于未来新物质的制备问题，势必将依赖于对具有特定结构与功能的分子的精准设计与定向合成技术。

然而，在当时的环境下，即便是面对那些条件已相对完备的催化剂材料典范——微孔无机化合物，其设计思路与定向合成的探索在全球范围内仍处于拓荒阶段。这无疑是一项极具挑战性的科研任务。在此情境下，徐如人及其研究团队将目光投向了开放骨架磷酸铝，历经无数的合成实验与详尽的结构剖析，成功构建了一个涵盖合成与结构的综合数据库。基于对这些材料结构化学特性的全面理解与对规律的精准把握，他们创造性地提出了针对新型开放骨架磷酸铝的结构构思与定向合成路径，为无机功能材料的定制合成与调控奠定了坚实的理论基础。此成果不仅深化了无机微孔功能材料分子工程学的探索，还赢得了国际学术界的高度评价与广泛认可。

历经三十载的不懈努力，徐如人团队在分子筛与微孔材料化学领域取得丰硕的研究成果，成为该领域代表中国科研力量的一面旗帜。

徐如人将毕生心血倾注于科研事业，其学术探索始终走在世界前列，成就卓著。1998 年，他当选为国际分子筛协会理事，成为首位跻身该领域国际权威组织的中国科学家。2007 年，第十五届国际分子筛会议在北京成功举办，徐如人担任大会主席。此次盛会的召开，为中国分子筛与多孔材料科学技术的国际化进程架设了桥梁。

## 杏坛春暖，桃李满园

1978 年，正值吉林大学化学学院恢复研究生教育之际，徐如人成为获准指导研究生的中青年学者之一。在培养英才的道路上，他秉持着与科研探索同样严谨细致、精益求精的态度，凭借满腔热忱与不懈努力，为我国分子筛与多孔材料领域及无机合成与制备化学学科的蓬勃发展培养了一代又一代的杰出人才。

于吉红，这位于2015年当选为中国科学院院士的杰出学者，是徐如人的得意门生。徐如人那种对科学事业无私奉献、严谨求实的精神风貌，以及超然物外、淡泊名利的处世态度，深刻地影响着于吉红。徐如人对她寄予厚望，常常勉励她说："科研之路，务必瞄准国际前沿，勇攀科学高峰，预见并引领那些尚未有人涉足的领域。"

于吉红（左一）与徐如人（右一）及夫人庞文琴合影

徐如人始终心系学生的发展与成长。在科研领域与学术探索中，他对学生秉持高标准、严要求，乐于扮演慧眼识英才的伯乐角色；在日常生活中，他便化身为关怀者，既是师长，亦是挚友。徐如人家中栽有两棵李子树，每当盛夏硕果累累之际，他便会热情地邀请学生来家中共赴一场“李子宴”。

徐如人在吉林大学这片热土上默默耕耘了六十余载，对学校和这片土地怀有难以割舍的深情厚谊。2016年10月11日，徐如人将自己与妻子（庞文琴教授）以及子女（徐鹰教授与徐雁教授）的全部著作共计二十八册，捐赠给了吉林大学图书馆，以此表达他对母校的无限眷恋与感激之情。

2016年10月11日，徐如人（右三）向吉林大学捐赠学术著作

2017年9月，正值吉林大学七十周年校庆，徐如人作出了一个令人钦佩不已的决定。他将自己与妻子庞文琴教授毕生积攒的五百万元悉数捐赠给母校，并以此为基础设立了“庞文琴、徐如人教育基金”，旨在表彰并激励那些在科研与教育事业上锐意进取、表现卓越

的年轻学子。谈及此善举，徐如人脸上挂着谦逊和蔼的笑容，他说："我只是想尽一份绵薄之力，帮助那些在生活中遇到困难的学生们。这些钱对我来说没有特别的用途，与其闲置，不如用来支持这些学生。虽然数额不算大，但我们的心意是满满的，毕竟我们自己也只是依靠着薪水度日的。"

## 精神闪耀

徐如人一生培养了20多名博士研究生、近70名硕士研究生及4名博士后研究人员。其中，他培养的第一名博士研究生冯守华，在2005年当选为中国科学院院士。冯守华于1989年前往美国担任访问学者，1992年在徐如人的召唤下毅然回国工作。而徐如人培养的另一名博士研究生于吉红，也在2015年当选为中国科学院院士。徐如人曾说：“我这辈子最高兴的事是我的学生都很出色，他们出国深造后，没有一个不回国的，他们回国就是为了报效祖国。”这种精神一脉相承。徐如人凭借他独特的人格魅力，培养了许多化学领域的科研骨干，而他的学生也秉承着这份精神，将其继续传承下去。

在徐如人的感召下，裘式纶、陈接胜等多位青年学者陆续回国发展，他们后来都成为我国科技建设的骨干力量。“可以短暂地出国学习或者工作，但必须回到祖国。”这就是徐如人一直向学生灌输的思想。这一思想不仅深深根植于他自己的心中，更成为他教育学生的重要原则。他常常勉励学生们，无论身在何处，都要心怀祖国，时刻准备着为祖国的发展贡献自己的力量。徐如人及其学生们的故事，如同一股不竭的动力源泉，激励着无数中华儿女在科研道路上勇往直前，为实现中华民族伟大复兴而不懈奋斗。

## 院士小传

徐如人，1932年3月出生于浙江上虞，无机化学家，分子筛与多孔材料学家，中国科学院学部委员（院士）。

1943年，徐如人进入浙江省立建国中学学习。1949年，他顺利考入复旦大学化学系，后于1950年转学至交通大学化学系。1952年10月，徐如人从交通大学提前毕业，前往东北人民大学化学系无机教研室任教，曾任化学系主任、合成与催化研究所所长。1991年，他当选为中国科学院学部委员（院士）。

徐如人是我国无机合成化学学科的创建者与奠基人，水热合成化学的开拓者。1981年，徐如人在吉林大学首次开设了“无机合成化学”课程，在国际上首次提出“现代无机合成化学”学科的科学体系。此外，他还主持建成了国内第一个高温高压水热合成与测试实验室。获何梁何利基金科学与技术进步奖、国家自然科学奖二等奖等奖项。

执笔：孙铁方

# 徐承恩

## 中国石化工程设计的先驱

科学是极为严谨和实实在在的，尤其是对我们这些天天接触易燃、易爆物质的石化工程设计人员来说，更是来不得半点马虎。

"为人正，为民生，为炼油尽青春。舍得一身剐，敢把洋油拉下马。八千里路尘与土，六十载攻关历衷苦。"这是2017年第三届"感动石化"人物组委会为中国工程院院士徐承恩撰写的颁奖词。

徐承恩，为祖国石化事业奉献一生。他的心中，曾勾勒出一座座炼油厂的建造蓝图；他的双手，曾绘制出一张张石化工程装置的设计图纸；他的双脚，曾走过一个个遍布祖国各地的石油勘探工地。在长达几十年的石化工程设计工作中，徐承恩和老一辈石油人自力更生，艰苦奋斗，使我国的炼油工业实现了从无到有、从弱到强的巨大飞跃。

## 乡里娃娃的烽火求学路

1927年1月21日，在浙江诸暨的一座小村庄中，传来了婴儿的啼哭声。亲朋好友聚在一起，共同庆祝这个婴儿的出生。"这孩子天庭饱满，将来必定有大出息！""他的耳垂好厚实呀，长大后一定有福气！"听到亲戚们的夸赞，孩子的父亲笑得合不拢嘴，他从笔架上取下一支毛笔，在宣纸上勾勾画画，反复思索着儿子的名字。"今年年景好，徐家又添了新丁，这一切都是老天的恩赐啊！"想到这里，一个名字随即从他的脑海里蹦了出来——徐承恩。恐怕当时在场的人都没有预料到，日后这个天庭饱满、耳垂厚实的孩子，会成为中国工程院院士、中国石化工程设计的先驱。

徐承恩自幼就是一个充满好奇心的孩子，他对自然界的万事万物都充满了探索欲。然而，旧时的乡村生活单调而又寂寞，传统私塾一成不变的填鸭式教育也让年幼的徐承恩感到厌倦。但幸运的是，乡间各式各样的传统节日成为徐承恩单调童年生活中的一抹亮色。每逢佳节，乡间都会举行盛大的集会，身怀各种绝技的民间艺人聚集在祠堂前，油锅捞铜钱、开水浇身、含油喷火，这些神奇的民间技艺让年幼的徐承恩痴迷不已，他穿越重重人墙，挤到队伍的最前面，想要一探究竟。这些神奇的民间“绝技”——改变物质形态与颜色的化学知识，也以这种神奇的方式走进了这个农村娃娃的内心，在他幼小的心灵里埋下了一颗科学的种子。

略懂理科知识的父亲很快就发现了儿子的兴趣所在。“承恩，你看——”父亲随即将一块姜黄扔到酒坛里，清澈透明的白酒瞬间变成了黄色。他又丢进去一块碱，黄色又变成了红色，最后再加入皂矾，红色瞬间又变成了绿色。看着不断变换颜色的白酒，徐承恩深深地着迷了。透过这不断变换的绚丽色彩，他隐约窥见了一个深邃而又神秘的化学世界。

随着徐承恩渐渐长大，父亲深知家乡闭塞的环境限制了他未来的发展。于是，在家人的鼓励下，年幼的徐承恩独自踏上了异乡求学路，他先后就读于设址于丽水的浙江省立临时联合初级中学、浙江省立临时联合高级中学（今浙江省杭州高级中学）。1942年，日军攻陷丽水城，惨绝人寰的轰炸迫使全体师生转移到了位于青田县大山里的临时校舍。抗战时期山区的学习条件十分艰苦：夏天高温酷暑，成群的蚊子在耳边盘旋；冬天北风呼啸，在极低的温度下，连钢笔都会被冻成“冰棍儿”。后来徐承恩曾感慨道：“那时候读书太难了，课堂上我们要一只耳朵听课，另一只耳朵却要听防空警报，‘落后就要挨打’这句话，只有在当时的背景下，你才能有切身体会。”

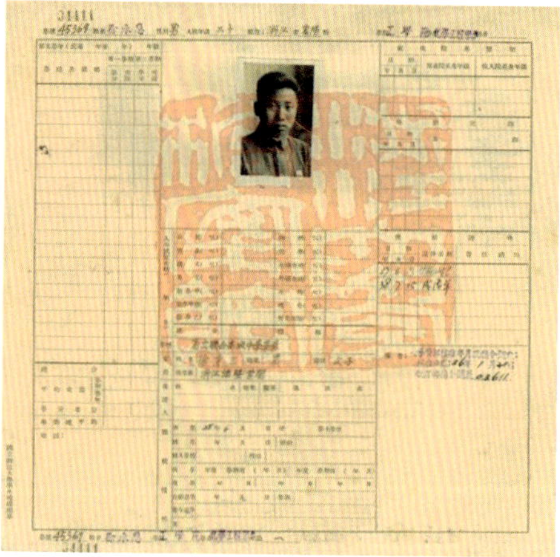
徐承恩大学四年各科成绩单（1949年6月）

尽管徐承恩的高中生活饱受饥饿、疾病和战火的威胁，但他从未停止过学习，战争的烽火不仅磨炼了他的意志，更在他的心中埋下了一颗报效国家的种子。凭借着惊人的毅力，徐承恩默默积攒着日后建设国家所需要的精神财富。1945年，徐承恩以优异的成绩考入浙江大学化学工程系。1949年，22岁的徐承恩大学毕业，他带着建设祖国的理想远赴东北，走上了研究石油工业技术的道路，从此，他的命运和祖国的石油炼化事业紧密地联系在一起。

## 到祖国最需要的地方去

1949年，东北解放区已经开展了大规模的工业恢复建设工作，急需各类专业技术人才。东北解放区工业蓬勃发展的势头深深地吸引着徐承恩，他积极响应党中央号召，到党和国家最需要的地方去，从风景秀丽的西子湖畔来到东北地区的工业城市锦州，是徐承恩人生道路上的一个重大转折点。尽管深知东北地区的生活条件远不如江浙地区优越，但徐承恩并不留恋故乡的安逸环境，历时近一个月，克服重重艰难险阻，他终于来到东北，并被分配到锦州合成燃料厂（今中国石油天然气集团有限公司下属的锦州石油化工公司）工作。

徐承恩证件照（摄于1951年）

中华人民共和国成立之初，我国的石油石化产业几乎是一片空白。面对大规模的经济建设任务，东北地区的油料供应明显不足。徐承恩所在的锦州合成燃料厂是一座由日本侵略者在侵华战争时期建成的人造油厂，日本无条件投降后，工厂的部分设备遭到损毁，各种图纸资料也被日本侵略者全部带走，留给中国石油工作者的是一穷二白、百废待兴的艰难局面。在当时的锦州合成燃料厂中，有实际工作经验的工人很少，绝大多数都是像徐承恩一样刚刚走出校门的大学毕业生。尽管开局无比艰难，却没有难倒那些和徐承恩一样的爱国知识青年。彼时，尽管缺少实际操作经验，他们却都有一颗要为祖国多作贡献的拳拳爱国心，有一股一定要把日本人没有办好的工厂开起来的干劲。年轻气盛的徐承恩更是其中的佼佼者。刚被分配到生产车间的他浑身充满干劲，既当技术员，又当班长，还当小老师，很快就成了厂里的业务骨干。

经过一年多的努力，徐承恩和同事们终于成功修复了煤气炉、合成反应器等设备，建成了催化剂、有机脱硫剂等生产车间。1951年2月，锦州合成燃料厂——我国第一家人造油厂，终于成功试生产。当第一滴原油成功从油水分离器中流出时，徐承恩和同事们流下了激动的泪水："因为这也是我们第一次搞石油啊！"

## 攻坚克难，"金花"终绽放

1953年初，由于工作表现十分突出，徐承恩被调往东北石油管理局设计处工作，由此正式跻身炼油设计队伍的行列。当时我国的石油工业底子薄、基础差、起点低，石油的利用效率并不高。1959年大庆油田的发现，才改变了世界对中国"贫油"的印象，也标志着我国正式告别了用"洋油"的时代。但是大庆油田生产出的石油含蜡量比较高，炼出的柴油凝固点也比较高，再加上北方冬天的天气十分寒冷，因此这种柴油的利用率并不高。

1961年，徐承恩在中国石化北京设计院农场劳动

为了进一步提升我国的石油自给能力和炼油水平，脱蜡和降低柴油的凝固点成为当时最重要的工作。面对复杂的技术难题，徐承恩

没有丝毫的犹豫和退缩，他迎难而上，主动承担了这项艰巨的任务。面对曲曲折折的石油管线和层层叠叠的图纸，徐承恩一次次试验，一次次失败，又一次次卷土重来，他毫不气馁，反而越挫越勇。功夫不负有心人，1965年，尿素脱蜡装置终于研制成功，该技术极大地提升了大庆油田原油的利用效率，在我国的社会主义现代化建设过程中发挥了重要作用，后来的石油工作者们也将该装置和另外四个我国自主研制的炼油装置并称为石油界的“五朵金花”。经过几年的艰苦研究，徐承恩熬白了满头黑发，但此时的他也才刚刚38岁。

## 淡泊名利，矢志不渝

几十年来，徐承恩始终保持廉洁自律、艰苦朴素的优良作风。他为人低调，严于律己，平易近人。尽管早已成为享誉业界的学术泰斗，徐承恩却始终保持着勤俭节约的生活习惯，几十年如一日。

当时，按照惯例，徐承恩作为中国石化北京设计院院长，上下班单位可派小汽车接送，但为了践行节约理念，他主动拒绝乘坐小汽车，而是和大家一起乘公共班车上下班。在公务用车方面，徐承恩也是从不挑剔，乘公共交通工具到机场或车站更是常有的事。有时外出开会回来，设计院里的车辆派完了，徐承恩就自己花钱打车回家。

除了生活简朴，徐承恩在工作上也是兢兢业业，身正为范。他始终坚持“要求别人做到的，自己首先要做到”的原则，从不搞特殊化。他像要求年轻人一样要求自己，上班提前到办公室，中午从不休息，有时还主动加班到深夜。家里有事，他也从不请假。每逢出差回来，只要坐的是卧铺，他下车后一定会直奔办公室。他从不因自己的私事在设计院里多用一张打印纸，而是自己花钱到外面的文印店打印。办很多事情时，他也是亲力亲为，丝毫没有架子，从不因私事向设计院提任何要求。

每当有记者采访徐承恩，这位德高望重的学术巨擘却绝口不提半个世纪以来自己在石油科学领域作出的卓越贡献，而是一再强调所有成果都是全体石油人的集体智慧的结晶，个人的力量微不足道。半个多世纪以来，他参与或指导过难以计数的设计和科研攻关项目，但申报奖项时，徐承恩却从来没有把自己的名字写进获奖名单里，总是把荣誉让给别人。“虽然我在设计工作中出了一些主意，把了一些关，但我没参加具体的画图和计算工作。作为总工程师，在大家有方案或者对方案有不同意见的时候，我听取意见，最后作决定，并且对方案负责。我想，我做这些应该是本分，奖励应该授予做具体工作的同志。”时任中国石化工程建设有限公司宣传部部长顾照扬感叹道：“大师之所以成为大师，是因为他眼里没有‘大师’。”

徐承恩（左一）深情地讲述在杭高的求学情况

## 精神闪耀

徐承恩为人谦逊低调，治学严谨。在与国家发展密切相关的石化领域，他深耕六十余载，倾尽一生。

“历史的潮流使我走上炼油设计的道路。责任心和敬业精神，使我与炼油设计结下了不解之缘，也使我对其情有独钟。”“我算生逢其时，有幸参与了这一发展过程。在多次攻关会战中，曾尽过绵薄之力，在许多炼油厂留下了我的足迹。夜半自思，深深庆幸此生没有虚度。”

徐承恩的一生，始终将个人命运与国家命运联系在一起，将国家利益置于个人利益之上。从异乡求学，到远赴东北，再到投身石油化工设计事业，到国家需要的地方去，到国家需要的行业去，徐承恩始终与新中国同呼吸、共命运。“人不可能得到所有的东西，对于亲人，我深感内疚，但对我所从事的工作，没有太大的遗憾，这也算是一种补偿。从我们那个年代走过来的人都非常清楚，如果没有国家的强盛，不可能有真正的个人幸福。”徐承恩这样总结自己人生的成败得失。

“志存高远，脚踏实地，求真务实，勇于创新”，这是徐承恩的座右铭，也是他科研人生的写照。为情为义，为国为家，谦虚严谨，无怨无悔，这些都是徐承恩留给后辈最宝贵的精神财富，也是激励后辈继续前行的巨大动力。

## 院士小传

徐承恩（1927—2023），浙江诸暨人，石化工程设计专家，炼油工艺专家，中国工程院院士。

1945年，徐承恩从浙江省立临时联合高级中学考入浙江大学，1994年当选为中国工程院院士。

徐承恩是中国炼油工程设计创新、炼厂设计模式改革、炼厂大型化的组织实施者，先后参加大庆原油加工会战和“五朵金花”炼油技术攻关会战，为实现炼油技术国产化和推动石油石化战略发展作出了重要贡献。徐承恩在中国石化北京设计院担任副总工程师期间，还主持审定了燕山石化公司炼油厂和援外炼油厂的设计方案，并参与中国首个丙烷脱沥青装置、分子筛脱蜡装置等的设计工作，为中国炼油工业的发展作出了重要贡献。

执笔：程宇恒

# 董石麟

## 中国现代空间结构工程的专家

在科技工作中要有所创新和建树，必须有苦思冥想、锲而不舍的精神，有时还要有一股废寝忘食、夜以继日的“傻劲”。

“要是剧院没有柱子该多好啊！”

这是小时候的董石麟发出的一句感叹。那时候，在董石麟的家乡杭州塘栖镇，热热闹闹的绍兴戏总会不时上演。锣鼓喧天的乐曲声深深吸引着董石麟，但苦于家里没钱，董石麟只能等到演出临近散场、工作人员不再检票的当口，钻进戏院过过戏瘾。但这时，戏院里恼人的柱子经常会挡住董石麟的视线，让他倍感失落，他多么想能够设计出不带柱子的戏院啊！

即便今天再回忆起这件事，董石麟依然记忆犹新。他与空间结构的缘分，或许就从这里开始了。

## 择一事，终一生

1948年，董石麟以优异的成绩考入浙江省立杭州高级中学（今浙江省杭州高级中学，简称“杭高”）。能够进入这所当时浙江最好的高中学习，原本是一件令人高兴的事，但董石麟却很难高兴起来。原来，在11岁时，董石麟就失去了父亲，他的母亲只能依靠做女红来维持家里的生计，收入不佳的时候，全家都要靠借债才能勉强度日。在这样的情形下，懂事的董石麟一度想要辍学，他希望能早早地承担起家庭的重担，而不是成为家庭的“拖累”，但他又实在不甘心自己的求学之路就此结束。

在这个艰难的时刻，是政府的支持和杭高教师的努力改变了他的命运。“这时候，中华人民共和国成立了，政府推出了半工半读及助学金等勤工俭学措施，让我这个面临失学的孩子能够继续求学。”已经当选院士的董石麟再次讲起这段往事，依然能让人感受到他的动容。这位热忱质朴的少年因此得以继续学业，而他将在未来成长为改变一个领域、影响几代人的栋梁之材。

2022年，90岁高龄的董石麟受杭州高级中学党委书记唐新红邀请，参加杭州教育“学校领跑者”论坛，围绕“学习二十大，培根铸魂育新人”的话题，谈谈自己眼中的杭高。“杭高的教育不是灌输式的，而是启发式的。”董石麟说得非常坚定，又意味深长。董石麟还记得，在杭高的地理课上，老师为同学们准备了一幅特别的地图，帮助他们结合当时的铁路走向进行记忆。正是诸如此类富于创造性和启发性的教育为董石麟提供了广阔而自由的学习空间，让他去发现自己的兴趣爱好，去施展自己的才干。此时，童年时想要建造大跨度无柱式建筑的梦想在董石麟的心中又一次被唤醒，他决定用一生去追求自己的梦想。

后来，董石麟以优异的成绩考入了交通大学土木工程专业（1952年院系调整后，这个专业被并入同济大学）。1955年，董石麟大学毕业。当时的中国正处在百废待兴、急需人才的关键阶段，渴望吸收世界上更多、更先进的技术和理念。每门功课都得5分（全优）的董石麟从全班50名同学中脱颖而出，获得了仅有的两个公派到苏联留学的名额之一。为了继续他的建筑理想，董石麟选择了前往莫斯科建工学院，师从著名的薄壳结构专家符拉索夫教授。“这是进一步提升自己学术水平的机会，我要向优秀的前辈学习。我要提高自己的水平，我有这个责任。”这是初到莫斯科的董石麟心里最简单却最坚定的想法。正是这样的信念，给了在异国他乡的董石麟一次次面对困难的勇气和信心。也是这四年的留学经历，让他深深地爱上了自己所学的“空间结构”这一领域，他漫长的职业生涯也将始终与这个名词紧紧地联系在一起。

“‘空间结构’也叫大跨度建筑结构，里面不需要柱子，跨度可以大一些。”董石麟介绍道。“空间结构”能够实现董石麟小时候让戏院没有柱子的梦想，而通过持之以恒的努力，他将让“空间结构”成功从世界走进本土，又从本土走向世界。

回国后，董石麟利用在苏联学习的薄壳结构的相关知识设计了一些作品，取得了一些实质性成果，但与此同时，他也发现了一些问题：薄壳结构的材料以钢筋和混凝土为主，这类材料较大的质量严重制约了建筑的空间跨度。经过多年实践和反复思考，董石麟决定将研究方向调整为质量较小的网架结构。“我想给中国的建筑做点‘减法’。”董石麟认真而笃定地说。他实现了这一诺言，1968年建成、至今仍在使用的首都体育馆（后被改造成北京2022年冬奥会冰上项目场馆），就是这一结构的首次呈现。

对于这个自己投入了很多心血的作品，董石麟至今仍印象深刻。首都体育馆的跨度值为99米×112.2米，董石麟的主要工作就是通过测算分析其网架的1022个节点、3479根杆件之间的受力情况。这是一项异常艰巨的任务，为使这座“巨无霸”式的网架结构建筑顺利落地，任何一个数据都不能出现偏差。“当时我们的条件远不如现在好，即便我们借用了中国科学院每秒可进行上万次运算的计算机，部分结果还是需要笔算，这样才能将误差控制在5%以内。”董石麟回忆道。那时，为了对数据进行笔算，董石麟每天工作十多个小时，把自己关在办公室里，整整两周足不出户，推算了128个联立方程，终于完成了这项最关键的任务。“在科技工作中要有所创新和建树，必须有苦思冥想、锲而不舍的精神，有时还要有一股废寝忘食、夜以继日的‘傻劲’。”董石麟笑着说，眼神中透出几分坚毅。

经过整个团队的共同努力，一座大跨度的无柱式体育馆终于呈现在人们眼前，这时，董石麟才真的感觉到童年的梦想实现了。但董石麟要面对的挑战还远远没有结束，国家大剧院、国家游泳中心（“水

2003年，董石麟（左）在国家游泳中心项目设计组工作

立方”）、2010年上海世博会“世博轴”、深圳机场T1航站楼、杭州奥体中心体育场（“大莲花”）……他一次又一次地攻克技术难题，让中国的建筑设计水平逐渐位于世界前列。

## 点燃“星星之火”

董石麟的追求远不止于从事科研与建筑设计。他经常说：“一个人的力量是有限的，知识的火种，永远需要代代相传。”

1985年，在业内已经很有威望的董石麟拒绝了国内外众多工作邀请，坚决地回到故乡杭州，在浙江大学任教。董石麟特别珍视自己作为教师的身份，他希望将自己的建筑设计理念和技术扎实地传承下去，通过一代代人的努力，使我国的空间结构事业得到长足的发展。

在回杭州之前，董石麟已经在北京工作和生活了二十多年。多年之后，当他从气候干燥的北方再度回到温暖湿润的南方，董石麟感到无比亲切。每天清晨，他都会被和煦的阳光、温柔的鸟鸣声唤醒。直到现在，即便已是90多岁高龄，董石麟依然坚持每天早晨骑自行车到浙江大学玉泉校区工作。郁郁葱葱、生机盎然的校园里，一位白发苍苍、衣着简朴的老人边拨着铃铛边骑行的身影，或许已经成为浙江大学一道独特的风景线。

“每次我去找董老师的时候，他几乎都在办公室，同时他在工作时还保持着非常旺盛的精力。在我和他相处的这半年里，他已经研究出了三个新的索穹顶体系，创新能力甚至超过了一些在职教师。”说起董老师，学生王艺达的眼里充满了自豪。有这样一位老师，王艺达感到很幸运，董老师为他的学术生涯树立了一个绝佳的榜样。

董石麟（中）带领学生进行参观

除了在学校里带学生，董石麟还特别注重培养学生的实践能力。周末，董石麟常常会带学生们到当地工厂，手把手地教工人，提高他们的设计与制造能力。在董石麟等人的努力下，原本员工不足百人、年产值不足80万元的乡镇企业——萧山蜗轮蜗杆厂实现了规模与产能的大幅提升；浙江东南网架集团有限公司（浙江东南网架股份有限公司的前身）、杭州大地网架制造有限公司（浙江大地钢结构有限公司的前身）等多家企业逐渐成为行业翘楚……董石麟还大力创建重点实验室，在学校和工厂里设立博士后工作站，实现了学校与企业的双向赋能。

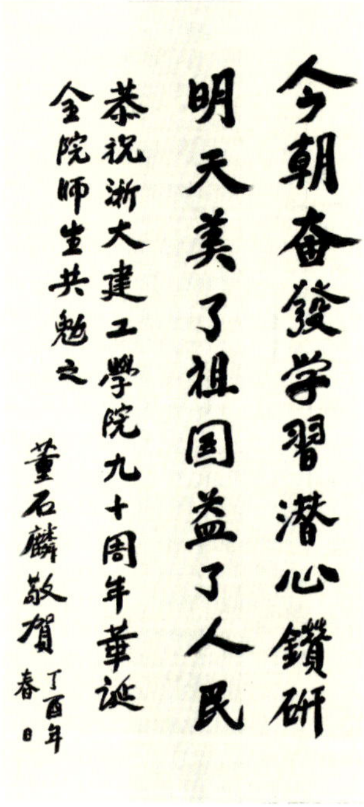


董石麟题词

谈到自己在专业领域所作出的贡献，董石麟总是谦虚地摇摇头，但一提起自己的学生所参与的项目，董老师就仿佛有说不完的话。北京大兴机场、昆明机场、深圳机场、卡塔尔世界杯比赛场馆……这些著名的建筑，都是他的学生们设计的作品。

星星之火，可以燎原，而董石麟就是那位点燃火种的人。

在浙江大学建筑工程学院建院九十周年的纪念活动上，学院邀请董石麟现场题词，董石麟提笔写下了这样的句子：“今朝奋发学习潜心钻研，明天美了祖国益了人民。”的确，他的潜心科研是为了国家，而他悉心培育建筑行业的领军人才，也是为了我国空间结构事业的长远发展。

“空间结构是一个国家建筑技术水平的集中体现。目前，从整体上看，我国在建筑领域与发达国家相比尚有一定的差距。我们如果在原始创新和加工精度上再使一把劲，就可以使中国从空间结构大国变成空间结构强国。”展望中国空间结构的未来，董石麟既感到充满希望，又感到任重道远。

回望过去，那个年少时萌发的梦想已然成为蓬勃葱茏的事业，而那颗质朴纯粹的初心，却从来没有改变过。

## 精神闪耀

时代浪潮滚滚而至，在董石麟的眼中，杭州逐渐成为一座现代化大都市，城市天际线越来越高，建筑跨度也越来越大。

在他看来，建筑应该是有温度、有表情的，它关乎这座城市里人们的喜怒哀乐。董石麟认为，建筑不能千篇一律，未来要尽可能多地使用轻型材料，在降低成本的同时提高舒适度和美观度。

董石麟非常关心空间结构领域中青年人才的发展，至今已培养和指导了120余名硕士研究生、博士研究生和博士后研究人员。他还和妻子共同捐赠200万元，设立“空间结构科技创新奖”，专门奖励我国在空间结构领域取得突破性成果的中青年人才。

见证了中国空间结构从无到有、从小到大的过程，90多岁的董石麟至今仍不停步，在他的心里还有一个更大的梦想：让中国成为空间结构强国。

“每每想到这样的强国梦，我就觉得自己还是当年那个柱子背后的少年。”董石麟斩钉截铁地说：“中国现在不缺人、不缺建材、不缺技术，缺的只是时间。我相信再过几年，这个梦想就有可能实现。”

董石麟（左一）为母校杭高120周年校庆题词

## 院士小传

董石麟，1932年12月出生于浙江杭州，空间结构工程学家，中国工程院院士。

董石麟1948年考入浙江省立杭州高级中学，1955年毕业于同济大学，1960年毕业于苏联莫斯科建工学院，获结构力学副博士学位。任浙江大学空间结构研究中心主任、教授、博士研究生导师，《空间结构》杂志主编。1997年当选为中国工程院院士。

董石麟长期从事薄壳结构、网架结构、网壳结构、塔桅结构等空间结构及升板结构的科研与教学工作，其科研成果广泛应用于工程实践，如首都体育馆、巴基斯坦伊斯兰堡体育馆、国家大剧院、国家游泳中心等。

获国家科学技术进步奖一等奖、二等奖、三等奖及省部级科学技术进步奖一等奖、二等奖等奖项，荣获2014年度浙江省科学技术奖重大贡献奖。

执笔：徐胜

# 韩济生

## 中国疼痛医学的创始人

用神经科学的最新理论和方法研究中国传统针灸学和针刺镇痛原理是一项探索性极强的工作。

一位“90后”老者，精神矍铄，在北京大学的讲台上耐心为新生们讲课。有人问他：“韩老，您都90多岁了，竟然还在亲自给大学生上课?”这位老人笑着回答：“人生有限，我必须惜时如金，使时间的利用率达到最大。”他认为，教学是一种享受，科研是一种幸福。“我赶上了国家快速发展的黄金时代，自然也想用自己的科研成果，为社会多做一些力所能及的、有意义的事情。”

## 勤奋刻在骨子里

韩济生喜欢早起，从他为学生线上批改的作业中可以发现，上面记录的时间都是凌晨四点左右。

几十年如一日，韩济生坚持每天凌晨四点起床，奔波在教室和实验室之间。邻居见到每日四点准时亮起的灯光，一度认为旁边住着一位“高考生”。在他的夫人朱秀媛女士眼里，韩济生是个工作狂，他把大部分时间和精力都投入工作中，中途累了，就把双手垫在身后，让额头贴在桌面上，以一个既放松又不至于沉睡的姿势休息片刻。一段时间后，重新投入工作中。

女儿韩一虹认为，父亲对工作的热情和激情让他风雨无阻。韩济生在北京医学院（今北京大学医学部，简称“北医”）工作期间，他们一家人住在离北医约16千米的天坛附近。有一次，外面风雪肆虐，想到父亲要逆风骑行约16千米，而且上班路段实在太颠簸，女儿央求父亲等雪停了再走，不料父亲还是坚持立即出发，他告诉女儿：“我想看看，这回能不能再次挑战成功。”女儿虽于心不忍，却也拗不过父亲，但是父亲乐观的心态和顽强的意志也深深地烙印在女儿的心里。

奋斗和惜时是成功的必备条件，勤奋和坚守更是科研工作的重要保障。但是90多岁高龄的韩济生仍旧不肯停歇，继续奋斗在科研和教育一线，实在令人钦佩。给韩济生留下最深印象的莫过于萧山老家的运河旁，天刚蒙蒙亮就有渔民划着小船下河抓鱼虾，乡亲们的勤勉、努力，深深印在他幼小的心灵里。韩济生说：“我小时候父亲常常提到，在老家浙江萧山，每个人都很勤奋，杂货店里的伙计盯着屋顶上的椽子就能把一大堆货物的价格算得一清二楚。”在儿子韩松平高中毕业时，韩济生带他回到老家，一起看一看萧山本地人被日头晒得黝黑的皮肤，一起闻一闻家乡水稻的清香，把勤劳拼搏的种子深埋在孩子心底；自己也重温父亲的教诲，感受家乡的精神滋养。

韩济生用题字勉励家乡青年

一个时代造就一代人。少年时的韩济生，因战乱过着颠沛流离的生活，家庭经济困难。母亲的早逝让年幼的他过早学会了自立自强。艰苦的生活条件没有让他陷入萎靡，反而磨炼出了他坚强的意志。战火纷飞的年代，逃难的一家人辗转来到丽水山区，韩济生在设在祠堂里的学校就读，晚上用一根灯芯发出的微光来抓紧时间学习。

在回忆自己的人生经历时，韩济生自述道："这一辈子，我活得像一只蚂蚁，忙忙碌碌。其实，我也很想带着夫人去看看名山大川，也期盼自己每天有时间练字。但人的生命是有限的，唯一可以做的就是不放松对自己的要求，尽可能地利用生命的每一分、每一秒做好自己能做的每一件事情，这是我的人生信条。"

## 幸运藏在大爱里

在一次采访中，这位白发苍苍的老人缓慢又坚定地写下七个大字："此生惟愿济众生"，与95年前他的父亲为他取名"济生"的"普济众生"的殷殷期盼遥相呼应。

战乱年代的求学之路异常艰辛，落后年代的科研之路非常坎坷，但韩济生总觉得自己是幸运的。

1945年，中国人民取得抗日战争的伟大胜利，浙江省的中学开始全面恢复教学工作。彼时，17岁的韩济生回到杭州，考上了浙江省立杭州高级中学（今浙江省杭州高级中学，简称"杭高"）。这所学校是当时浙江省规模最大的新式学堂，曾是明清两代科举乡试的举办地点，承载了几代人的理想，沈钧儒、经亨颐、鲁迅、李叔同、陈望道等名家大师都曾在此驻足，实践自己的教育理想。这对于早有青云之志、一心向学的韩济生来说，考入杭高无疑是个好消息。但当时理科班名额已满，韩济生只能以插班生的身份进入文科班学习。幸运的是，他的班主任是德高望重的王冥鸿先生，英文老师是当时为数不多的拥有留学经历的金义暄先生。在杭高，韩济生每天早起背单词。虽然只在杭高待了一年半，但在英文方面受到了良好的熏陶，为他后面的科研事业和国际演讲打下了扎实的英文基础。

韩济生儿时的梦想，就是考上上海医学院（今复旦大学上海医学院），但高昂的学费势必会给本就不宽裕的家庭造成负担。从医的梦想、“普济众生”的心愿激励着他加倍刻苦，争取成为前四名，获得减免学费的名额。命运有时也喜欢和人开玩笑，韩济生排在了第五名！但上天也不愿辜负一位真诚向学、立志济民的学子，排在第四名的同学没有去报到，韩济生奇迹般顺理成章地成了第四名，获得了减免学费的名额。

这让他格外珍惜来之不易的学医机会。在上海医学院，韩济生遇到了很多好老师，离他自幼树立的当一名临床外科医生的梦想越来越近。但1953年毕业分配时，学校要求全班28人都改行从事基础医学，他被分配至大连医学院（今大连医科大学）生理系。他服从了分配，内心却免不了有些遗憾，因为在他的内心深处，清楚地知道自己现在并没有真正实现“普济众生”的愿望。幸运的是，他在大连医学院遇到了吴襄教授，无论是在学术科研上、授课上、情感上，吴教授都对韩济生产生了极大的影响。用韩济生自己的话说：“吴襄老师赋予了我从医的生命底色。”尽管人生充满了各种变数，但所幸他遇到了一批好老师，他们的点拨和教导不断为韩济生赋能，激励他改变命运，在医学济世的道路上走得更远。

《黄帝内经》记载："脏寒生满病，其治宜灸焫。"20世纪50年代，我国一些地区已经开始使用针刺穴位的手段来止痛，但技术和理论都不完善，国际上甚至有人将其称为"巫术"。1965年，周恩来总理让卫生部组织力量研究"针刺麻醉"的原理。北医接到了这项任务。几经辗转，后来找到了韩济生，指派他去研究"针刺麻醉"的原理。

一枚小小的针如何能起到镇痛的作用？学西医出身的他，最初也对仅凭针刺就能麻醉抱有疑虑。况且，这也与他最初成为临床医生的梦想不符。但"养兵千日，用兵一时"，既然国家需要，韩济生就义无反顾地奉献自己的所有力量。

就这样，这位学西医出身的医学"痴心人"，听从国家的安排，"跨界"走上研究中医理论的道路。但开创这种填补空白的事业谈何容易，那时的中国，没有疼痛医学这一学科，也没有相应的技术、科学理论支持，有的只是国人对疼痛医学的不理解，以及国际上对针刺镇痛的不信任甚至诋毁的言论。

韩济生服从国家的安排，观摩了一台使用针刺麻醉手段的外科手术。看到一位20多岁的女青年身上整整插了40根针，被剪断肋骨却不喊疼，韩济生大受触动。他相信，这背后一定大有学问。自此，研究"针刺麻醉"的原理、为民除痛，成了他此生坚守的信念。

在北医生理楼三楼，白天实验，晚上计算、画图、观察变化趋势，他带领团队苦战三个月，终于找到了"针刺麻醉"的规律。又经过五年的研究论证，终于成功地得出“针刺可以促进脑和脊髓中5-羟色胺和相关物质的生成和释放，发挥镇痛作用”的结论，该结论填补了世界麻醉史的空白。

成功来自对国家的责无旁贷，也来自聚沙成塔、水滴石穿的信念。在获得可喜的科研成果之后，韩济生想着要在国际上为针灸正名。

1979年的北京机场，韩济生拉着一只半旧的拉杆箱，正在与亲朋好友告别。这是韩济生第一次出国，此行他将远赴各国，为针灸镇痛“打天下”。韩济生认为，倘若只是发表论文而没有解释原理、回答问题，这门技术还是不会得到人们的认可，只有亲临现场，当场解疑，大家才会心服口服。于是，时年51岁的他只身一人，漂洋过海，

韩济生（第二排右二）与加拿大彭慕兰教授（第二排左一）、瑞典特里纽斯教授（中）开展针刺镇痛原理研究的国际交流

开始了他的第一次远行。他首先前往美国波士顿参加国际麻醉药品研究学会举办的年会，这是他第一次用英语在众多质疑其研究技术的学者面前进行演讲。彼时，这张陌生的东方面孔不出意外地没有引起外国学者们的兴趣，他们在韩济生演讲时倒是去休息室喝起了咖啡。当听到韩济生流利的英语，外国学者们才开始尊敬起这位东方学者来，觉得这次演讲可能“有点东西”。过程虽不乏坎坷，但也有些幸运，在27个国家发表的209场演讲中，韩济生以确凿的实验数据和具有独创性的神经学理论解释了“针刺镇痛”原理，打破了各国学者对针灸的偏见。目前全球“针灸热”愈演愈烈，近200个国家和地区在使用针灸，韩济生是当之无愧的功臣！

当事情不如人意甚至事与愿违时，不如欣然接受。只要坚持下去，或许就是另一次机会！真实的实践往往也能赋予人们所行之事以价值和意义，鼓励人们永不止步，攀登一座又一座科研高峰。

80岁高龄的韩济生回国之后，仍致力于扩大“针刺麻醉”的适应证范围，特别是针对西医无法治疗的疾病。在获悉昆明致力于打造“治疗疼痛、消除疼痛”的健康城后，90岁高龄的刚刚退休的韩济生远赴昆明大健康国际论坛现场，直言愿意再干5年，他要在去世前帮助昆明建立一个疼痛中心，让昆明成为“世界免痛天堂”。

水利万物，医济苍生。韩济生生长在江南，立志在水乡，“济生”之水，至柔，也至善。他将大爱施于世间，上天也将善意回馈“济生”。正如韩济生所说：“我的运气非常好，碰到困难总是能逢凶化吉……”

## 谦和融于生活里

在韩济生的工作和生活中，求索和奉献是他一直坚守的信念。在一次采访中，主持人问韩济生："如果有可能的话，你还希望拥有哪种才华？"

韩济生回答："如果有再来一次的机会，我会力求戒掉急躁情绪。遇到不顺心之事，先冷静几秒钟，再做处理。这样效率会提高，成效会更大。"

其实，韩济生的生活虽几经波折，青年时更是历经战乱，但他一直温和乐观，极具魅力和风范。据他的杭高同学回忆，"他的个子既不算矮也不算高，笑的时候，露出雪白的牙齿，是一个典型的美男子。一言一行，一举一动，十分有英国绅士的风度。基于此，我就给他起了一个外号——Gentleman。"

他的中学时代条件艰苦，但若是遇上没有课的好天气，他就会在学校附近找个面朝太阳的地方，边晒太阳边复习功课，既享受了生活，又获得了新知。偶尔在周末晚上，他也会找朋友到附近的小酒馆，要一碟花生米，喝一碗绍兴酒，滋味好极了！

在他对疼痛医学毫无头绪时，他一边忧愁一边坚信不久之后一定会收获胜利的果实；在他初次访美遇到航班突发事件，需在异国他乡滞留一周时，他趁此机会向西方专家求教，反而创造了长达20年的合作机遇。

科研工作枯燥又繁忙，但韩济生也会找准时机去寻找生活中的有趣之处。他酷爱书法，却经常没有充裕的时间来练字，就在自己的腿上写写画画；他原本喜欢跑步锻炼，后来改成了原地蹦跳，既节省了时间，又锻炼了身体。

77年前韩济生从杭高毕业，他的班主任王冥鸿先生为他主编的《敷文纪念刊》作序，头四句便引用了苏轼的名句："人生到处知何似，应似飞鸿踏雪泥。泥上偶然留指爪，鸿飞那复计东西。"温和谦逊、幽默乐观、勤奋坚守，大师风范、民族之魂，这正是对韩济生为人处世最好的注解。

韩济生给杭高学子讲课

## 精神闪耀

韩济生的父亲是一名西医，乡民们一旦身体有什么不适，就会来找他的父亲，韩济生深深记住了病人病愈后流露出的感激的眼神。抗日战争时期，萧山被日寇的飞机轰炸，勤劳善良的乡民被迫离开故土，成为难民。自此，故乡成了韩济生魂牵梦萦的热土，也是他心中挥之不去的伤痛。

韩济生取得了很多成就，走南闯北，在国际上也享有盛誉。人走天涯，但他一直心系故土。2012年，他在萧山区第一人民医院建立杭州市卫健系统首家院士工作站，助力家乡医院开展学术研讨，创新人才培养模式，提升科研创新水平。在北京遇到来自萧山的老乡，他会格外惊喜，特意穿上西装和皮鞋与其见面。

他在杭高就读的时间虽然只有短短的一年半，但他却说："我虽然有许多身份，但仍为自己是杭高的学生而自豪。"2021年4月19日，94岁高龄的韩济生重返母校，在承载了他青葱记忆的甬道深处，与杭高学子分享他的人生故事。当时他留下三句话："机会永远留给有准备的人，留给愿意坐冷板凳的人，留给愿意思考的人。"

时间之河川流不息，每一代青年都有自己的人生际遇，都要在所处的时代肩负责任、谋划人生、创造历史。韩济生以"德""才""勤"三个字勉励家乡青年，这三个字也是他人生的真实写照。至今，他仍在医学领域发光发热，不遗余力地将毕生研究成果传授给年轻学子。

## 院士小传

韩济生，1928年7月出生于浙江萧山。著名神经生理学家，国际知名疼痛学家，中国科学院学部委员（院士）。

1953年毕业于上海医学院医学系。先后在哈尔滨医科大学、北京卫生干部进修学院、北京中医学院、北京医学院等单位任教。1993年当选为中国科学院学部委员（院士）。至今仍担任北京大学神经生物学系教授、博士研究生导师，北京大学神经科学研究所名誉所长等职务。

韩济生是一位杰出的生理学家和神经科学家，也是中国疼痛医学领域的奠基人之一。他用现代医学理论阐明了“针刺镇痛”原理，在国际上为针灸正名，并继续深耕疼痛机制研究和治疗，将传统中医手针发展为数字化的神经调控治疗，研制出“韩氏穴位神经刺激仪”。获国家自然科学奖二等奖、国家科学技术进步奖三等奖、何梁何利基金科学与技术进步奖等奖项。

执笔：董文

# 韩祯祥

## 中国电力系统学科的探索者

祖国需要我们去建设，哪里需要我们，我们就到哪里去，我们这一辈人的思想就是这样的。

1947年，17岁的韩祯祥站在浙江大学的校门前，他感受到一种难以名状的紧张与激动交织的情感，心中燃起了一团不灭的火焰。他刚刚做出了人生中最重要的选择之一——放弃声名赫赫的清华大学，毅然决然地选择了浙江大学。从杭高到浙大，这不仅仅是对求学之路的选择，更是他对未来、对国家命运的一次郑重承诺。

当时，内战的阴霾笼罩着中华大地，物价飞涨，百姓生活举步维艰。韩祯祥站在浙江大学的校门前，望着校内外截然不同的两个世界，心中默默发誓：我要用知识改变命运，为国家的未来尽一份力。

## 烽烟战火育英才

韩祯祥出生于浙江萧山的一个书香世家，从小耳濡目染，接受了良好的家庭教育。然而，时局的动荡让他无法拥有宁静的求学生活。1944年，他被浙江省立杭州高级中学（今浙江省杭州高级中学）录取，却不得不在战火硝烟中从浙江萧山跋山涉水辗转多日到达南田（今属温州市文成县）求学，这是为什么呢？

原来，抗日战争全面爆发后，日军很快逼近杭州，各中学纷纷撤至浙南。和当时北京大学、清华大学等高校西迁后组成西南联大的情况类似，浙江省立杭州高级中学、杭州女子中学、杭州师范学校等七所学校合并成为“浙江省立临时联合中学”（简称“联中”）。1939

年6月，联中高中部独立成为“浙江省立临时联合高级中学”（简称“联高”）。1942年春夏之交，日军沿浙赣线向浙南发动攻势，金华、丽水相继沦陷，联高被迫于5月24日停课，联高学生离散，浙江省的中等教育面临断层的危险。在处处是烽火、盗贼蜂起的战时，安居、受教育等承平时期的常态生活变成了奢望。所幸联高最后得以迁往南田继续办学，包括韩祯祥在内的全省各地青年学子都不顾路途艰辛，纷纷奔向这张战时艰难安放的小小书桌。

时局艰难，物资紧张，韩祯祥在联高读书的日子是艰辛的。他穿的是用旧轮胎做的鞋子，睡的是用茅草铺成的床垫，双脚在寒冷的冬天里被冻得失去知觉。但疾风知劲草，韩祯祥深知学习的机会来之不易，课上认真听讲，晚上在昏暗的桐油灯下翻阅笔记，回忆日间老师讲授的内容，完成作业。每到课余时间和休息日，他便与同学们三五成群，到溪边和林子里自习。

联高师生们在战火中弦歌不辍，终于迎来了胜利。1945年，中国人民取得抗日战争的胜利，浙江省立杭州高级中学迁回浙江贡院旧址。杭高的甬道旁枝叶繁茂，郁郁葱葱，韩祯祥每每从中穿过都会感到心灵的安宁。他终于得以回到家乡读书，在联高的求学经历让他更加珍惜此刻在杭高的学习生活，也让他下定了努力学习理科知识以报效祖国的决心。“中华民族的未来，就在我们手中。”他相信，只有掌握了最先进的科学技术，才能够改变国家的命运，才能够实现自己的理想。

怀着这样的理想和信念，1947年，韩祯祥以优异的成绩从杭高毕业。清华大学和浙江大学都向他伸出了橄榄枝。选清华还是选浙大？经过深思熟虑，他最终选择了浙江大学。

在浙江大学的学习依旧是艰苦的。尽管抗日战争已经胜利，但处于国民党统治区的杭州物价飞涨，生活极为艰难，即便是校园里也弥漫着一种沉重的气氛。食堂里的饭菜寡淡无味，学生们脸上满是疲倦和饥饿的神色。有不少学生营养不良，甚至患上了肺结核。积贫积弱的中国使韩祯祥痛心疾首，同时也坚定了他报效祖国的信念。

然而，大学生活并不仅仅是埋头苦读。进入浙江大学的第二年，韩祯祥发现自己置身于一个风雨飘摇的社会。校园里到处充斥着抗议的声音。1947年10月，浙江大学学生自治会主席于子三被国民党保安司令部非法拘捕并杀害，这个噩耗震惊了整个校园。这一事件成为压垮骆驼的最后一根稻草，校园里顿时爆发了抗议的怒潮。

学生时代的韩祯祥

韩祯祥抱着“战斗到底，宁死不屈”的决心，毫不犹豫地加入了这场反迫害运动。游行、演讲、散发传单，面对国民党当局的暴行，他和同学们一起勇敢地发声。他们夜以继日地讨论，制定抗议的策略。他们不是政治家，却肩负着为民族争取自由的重任。在这段时间里，他见证了无数同学的勇敢与坚韧，他们面对残酷的镇压无所畏惧，用血肉之躯捍卫着自己的信仰。

这场运动让韩祯祥更加坚定了自己的信念。他意识到，国家的独立和民族的自由，不仅仅需要武力的抗争，更需要知识的力量。只有通过知识的积累和科技的进步，才能真正改变国家的命运。这段经历不仅让他看清了社会的残酷和现实，也让他在心理上经历了一次深刻的蜕变。他从一名单纯的学生，逐渐成长为一名肩负救国使命的有志青年。

## 求是创新为报国

1951 年，韩祯祥从浙江大学工学院电机工程学系毕业，获得学士学位并留校任教。那个年代的中国百废待兴，国家迫切需要大量高素质人才参与国家建设。作为一名年轻的学者，韩祯祥深知自己肩上的责任，因此，当国家决定派他前往苏联莫斯科动力学院深造时，他毫不犹豫地接受了这项任务。

在莫斯科的日子并不轻松，陌生的语言、迥异的文化，甚至是寒冷的气候，都让他感到无比的孤独与不适。但他深知，自己肩负着国家的期望，必须克服一切困难，全力以赴。实验室成了他的第二个家，而图书馆则是他精神的避风港。每天，他几乎将所有的时间都投入学习和研究中。他知道，苏联的电力系统理论和技术非常先进，而这正是中国最需要的。他立下誓言："一定要把这些技术带回国。"

在莫斯科的四年，他不仅获得了丰富的专业知识，还形成了严谨的科研态度和方法。然而，真正深深打动他的，是一次偶然的机会，他在莫斯科大学聆听了毛主席的教诲："世界是你们的，也是我们的，但是归根结底是你们的。你们青年人朝气蓬勃，正在兴旺时期，好像早晨八九点钟的太阳。希望寄托在你们身上。"这番话像是一阵温暖的春风，吹散了他心中的阴霾，也成为他日后从事科学研究和教育事业的指引。

"祖国派我们出国学习世界上最先进的科学技术，回到中国尽快参加国家建设就是我唯一的愿望。"韩祯祥的内心深处永远不能忘怀祖国母亲温暖的怀抱。1961年，韩祯祥顺利获得副博士学位。在告别莫斯科的那一刻，他站在列车的车窗前，凝望着渐渐远去的城市，心中满怀感激与期待。他知道，祖国正等着他带回先进的知识和技术，而他也已经准备好迎接新的挑战。

回国后，韩祯祥迅速投身于电力系统的研究与教学工作。他坚信，只有将先进的技术带回祖国，并在实际应用中加以发展，才能真正为国家的电力事业作出贡献。在接下来的几十年中，他不仅承担了大量的科研项目，还积极参与电力系统相关课程的教学工作，培养了一批又一批优秀的电力系统人才。

在他的努力下，浙江大学电机系逐渐发展成为国内电力系统研究的高地。韩祯祥团队不仅在电力系统稳定性、电力系统潮流、稳定和故障分析等多个领域取得了重要的科研成果，还率先在国内开展了计算机在电力系统中的应用研究。通过与团队成员的共同努力，韩祯祥成功开发出整套电力系统工程应用软件，为我国电力系统的安全经济运行作出了重要贡献。

然而，他并不满足于此。1980年，韩祯祥作为访问学者前往美国伦斯勒理工学院深造，并在美国能源部邦涅维尔电力局参与了软件编写工作。这一次的出国经历与上次不同，他不仅要学习，更要在实际项目中运用所学的知识。每一个项目的完成，都使他的学术水平和科研思维有了进一步的提升。由于工作完成得非常出色，邦涅维尔电力局的领导把他参与编写的那套软件，连同其他几套颇具实用价值的软件一起送给了他。这些软件对我国电力系统的研究与建设起到了巨大的推动作用。他深知，理论研究固然重要，但将理论应用于实践，才能真正为社会创造价值。

1995年，韩祯祥（右一）在计算机前工作

1984年，韩祯祥被任命为浙江大学校长。在这一岗位上，他继续践行着“求是”精神，推行了一系列教育改革，在培养创新型人才方面采取了许多有效的措施。他创办了浙江大学混合班，建立了竞争

选拔制、严格淘汰制和导师制等特殊培养机制。以“起点高、内容新、能力强，着重培养创造欲”为指导思想，他贯彻“因材施教”的原则，培养基础扎实、思路开阔、有创新能力的德智体美劳全面发展的高素质工科人才。在韩祯祥的领导下，浙江大学在科研和教育领域取得了诸多突破。2005年，他与同事们共同完成的“拔尖创新人才培养二十年的探索与实践”获得了国家级教学成果一等奖，进一步确立了浙江大学在全国高等教育领域的领先地位。

2002年，韩祯祥（前排右一）参加电力系统鉴定会

## 精神闪耀

回顾韩祯祥的一生，从年少时立志“为振兴中华而读书”，到远赴异国求学，再到回国后投身祖国建设，他始终怀着一颗赤诚的报国之心。他不仅在电力系统领域取得了卓越的成就，更为中国的高等教育改革贡献了巨大的力量。他的科学精神与教育理念，深深影响了一代又一代的学子，也为中国的科技发展和人才培养事业作出了不可磨灭的贡献。

从贡院到求是园，从学生到校长，韩祯祥在家乡学有所成，又反哺家乡教育。他的精神深刻影响着杭州学子。韩祯祥的故事，是一代代杭高人、求是人的缩影，这不仅是一部科学家的成才励志史，更是一部体现爱国主义精神的生动教材，展现了中国知识分子在民族危难时刻奋发图强、报效祖国的宝贵精神。正如他所言：“祖国需要我们去建设，哪里需要我们，我们就到哪里去，我们这一辈人的思想就是这样的。”这种朴素而深沉的爱国情怀，成为他在科学道路上披荆斩棘、一路前行的原动力。

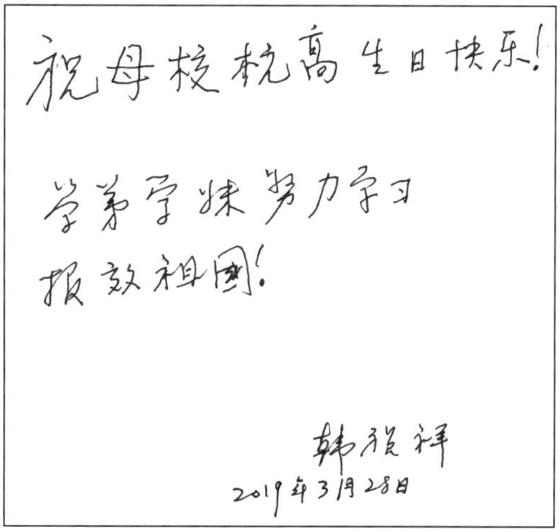

韩祯祥为母校校庆活动题词并勉励学弟学妹

## 院士小传

韩祯祥（1930—2024），浙江萧山人，电工、电力系统及自动化专家，浙江大学教授，浙江大学原校长，中国科学院院士。

1947年，17岁的韩祯祥从浙江省立杭州高级中学毕业，考入浙江大学。1961年获苏联莫斯科动力学院副博士学位。1999年当选为中国科学院院士。

韩祯祥长期从事电力系统学科的前沿研究，开展强力励磁调节器对电力系统稳定性的作用和电力系统非线性条件下的稳定域等研究，提出稳定性控制的新方法；主持研究了电力系统潮流、稳定和故障分析的计算方法，开发了电力系统计算分析应用软件，对提高我国电力系统计算分析和安全经济运行水平起到了重要作用；倡导和从事人工智能在电力系统中的应用研究，在电力系统故障诊断等领域作出重要贡献。获国家自然科学奖二等奖等。

执笔：苏若璇

# 颜德岳

## 寒门走出的科学家

科学研究是探索未知，必须唯实求真，不能有半点马虎和虚假，同时要有灵感、激情和百折不挠的精神。

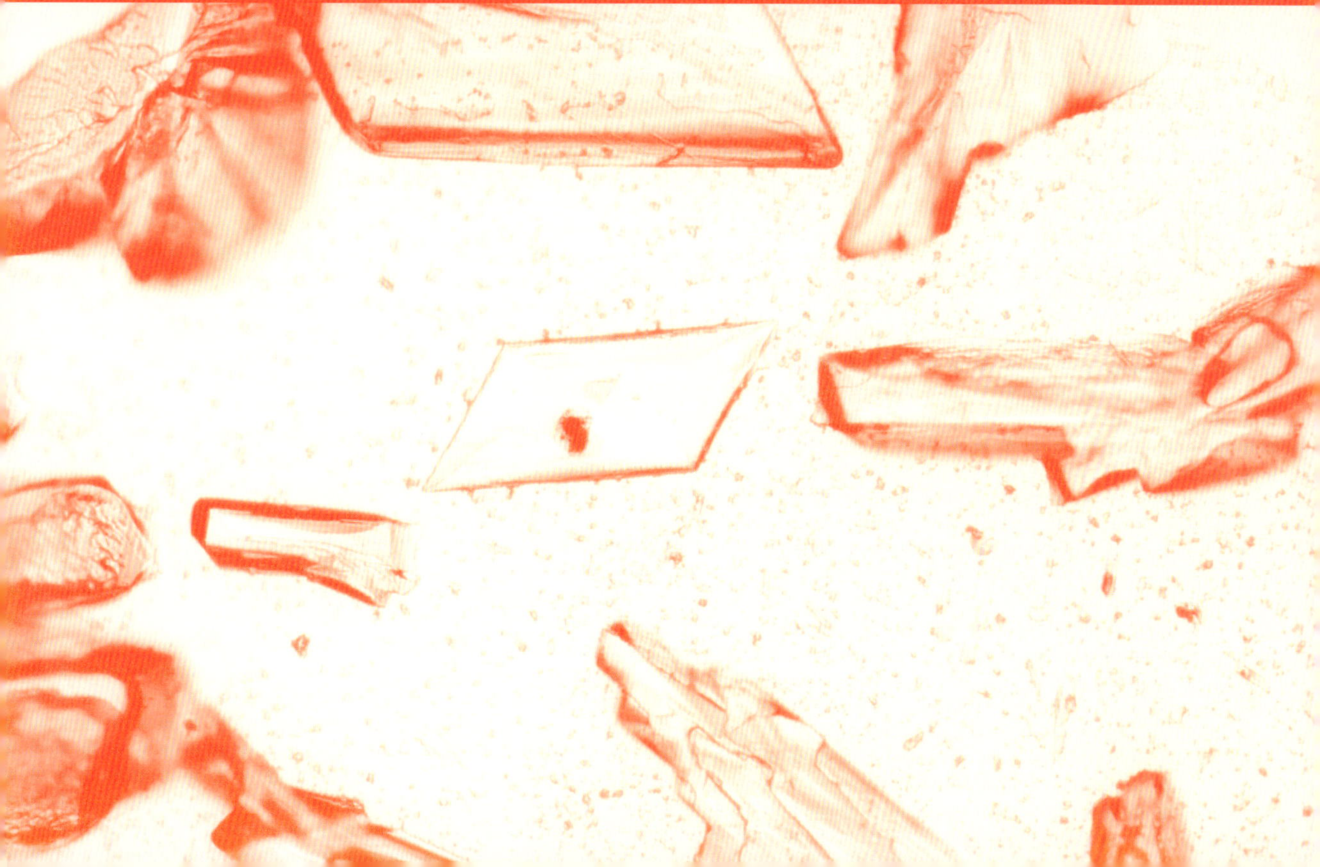

“如果没有高三时的那一次选择，如今的我可能就是一名语文老师了。”颜德岳在追忆自己的化学之路时，笑着说出了这番令人意外的话。他的思绪也随之飘回了自己的青葱岁月，小时候他曾有“军人梦”和“文学梦”，没想到最终却实现了“化学梦”。人生的际遇充满偶然，冥冥中仿佛有双看不见的手推动着他一步步走出寒门，成为我国高分子化学领域的学术泰斗。

## 懵懂的童年和少年时光

颜德岳出生于浙江永康的一个村庄，儿时的生活充满磨难，没有见过面的父亲在抗日战争中牺牲，他由祖父母抚养长大。祖父从农村集市上购买毛竹，制成碗橱、椅子等家具再拿到集市上出售，勉强维持生计。虽然家庭并不富裕，但他是家里的独苗，祖父母对他有点溺爱，这就导致颜德岳小时候总是嬉戏玩耍，不爱读书，甚至逃学，是个“野孩子”。县城解放时，枪声一停，他就溜出学校，看雄赳赳的军队进城，这使他萌生了从军的想法。之后他还不时逃学去观看部队文工团的演出。有一次他在街上溜达时，看到“华东军政文化干校”的招生海报，就化名“颜善”并虚报年龄去应试，结果被录取了。没想到发榜那天，他偶遇堂叔，堂叔劝他不要从军。祖父得知这个消息后，更是把颜德岳叫回家，让他好好反省。家乡进行土地改革那年，颜德岳失学在家，在村里当民兵。县人民武装部部长到村里检查民兵工作，一见面就要他当自己的通信员。但最后因为祖父不同意，颜德岳只能无奈作罢。“军人梦”虽破碎，但“失之东隅，收之桑榆”，新中国为寒门子弟铺就了成才之路。

失学后，少年颜德岳才意识到上学的机会多么宝贵，他后来回忆道：“失学前我真的不喜欢读书。失学后有点失落，朦胧地意识到自己已经丧失了改变命运的机会，以后只能学一门手艺或者做佃农谋生了。”眼见自己即将走上祖辈的老路，命运却在此时发生了逆转。当时中国大力发展教育事业，中学老师下乡动员失学青年复学。在人民助学金的资助下，颜德岳得以复学。从此他专心听课，各门功课的成绩都不错，但最喜欢的是文史。儿时一位邻居常给他讲故事，他总是听得十分入迷，甚至忘了玩耍。在懵懂的幼年形成的兴趣，一度影响了他的人生选择。

## 从文学青年到化学研究者

1953 年，颜德岳考入杭州第一中学（今浙江省杭州高级中学，以下简称“杭一中”）。高中三年，他的梦想都是毕业后报考北京大学中文系。然而，一篇文章改变了他的想法。1956 年，在高考报名前夕，颜德岳看到了黑板报上的一篇文章，作者说：他要报考化学专业，因为化学能够合成除草剂，免除农民“锄禾日当午”之苦；还能合成杀虫剂，确保农业大丰收。颜德岳来自农村，目睹过病虫害造成

颜德岳在杭一中的入学照

的作物减产和农民的无奈，他对耕种的辛苦也有切身体会。读完这篇文章，他眼前一亮：原来化学能够造福农民，减轻他们的辛劳，保障他们的收获。那就学化学吧，将来可以回报家乡父老！

在高考来临之际改变志愿看似大忌，但颜德岳心意已决，最终他幸运地被南开大学化学系录取。入学后，他听了几节化学课，觉得枯燥无味，于是他经常利用课外时间看文艺书籍，还开始模仿拜伦的风格写新诗，用真名或化名在南开大学校报《人民南开》的副刊上发表诗作。十多年后，他偶遇昔日校友才得知，曾有同学送他一顶“校园诗人”的桂冠，然而他当时早已不再写诗了。20世纪50年代后期，在这段激情燃烧的岁月里，颜德岳曾经参加过“大搞科研”等运动，还被抽调到天津电源研究所金工车间学习开车床，为期一年，负责制造用于多晶硅区域熔炼的单晶炉。那时本科是五年制，到了高年级，颜德岳渐渐领悟到必须学好专业知识，将来才能立足于社会。于是他烧掉诗稿，下定决心不再写诗，也不看文艺书籍了。可惜专心学习专业知识的愿望未能实现，学校让他提前毕业，后又转为预备师资，让他下乡劳动。在因身体浮肿休养期间，他从图书馆借来物化专业的书自学了一遍。同年级同学毕业分配的时候，颜德岳考入吉林大学攻读硕士学位，迈出了实现化学梦的关键一步。

颜德岳在华东化工学院任助教时的留影

颜德岳在吉林大学的导师唐敖庆教授是量子化学家，唐先生于20世纪50年代初回国，随后在《科学通报》上发表了关于分子内旋转位函数的论文，1956年获得国家自然科学奖，此后转而研究当时的新兴学科“高分子化学”的理论。唐先生要求他的学生既懂理论，又会做实验，所以颜德岳先学习数理基础，再做实验研究。1963年，唐先生转回去研究量子化学，颜德岳则在吴邦瑗教授的指导下做阴离子型聚合反应的实验研究。1965年，颜德岳从吉林大学毕业，被分配到华东化工学院（1972年更名为上海化工学院，今华东理工大学）工作，又被吉林大学借调了一年，协助唐先生撰写《高分子聚合反应统计理论》一书。该书尚未定稿，颜德岳又被华东化工学院召回上海。1972年初，他被进驻高校的工宣队派去四川支援“三线建设”。

1978年底，党中央召开了十一届三中全会。几个月后，颜德岳得知可以自己确定选题并写论文了，便跃跃欲试。然而他已经十几年没有看高分子化学的相关文献了，不知道眼下的研究前沿和热点是什么，只能推测：高分子是一种材料，材料科学永恒的主题是结构和性能的关系。经过一番思索，他画了一张高分子多层次结构的框图：第一层次是高分子链的化学结构；第二层次是高分子的构象；第三层次是聚集态结构。这些结构决定了高分子材料的性质。此时颜德岳是42岁，开始做科学研究已经有点晚了，但他还像初出茅庐的小伙子一样“不知天高地厚”，想从第一层次结构开始，一个层次一个层次逐步研究，发展系统理论。高分子的一级结构取决于聚合反应机理，聚合反应动力学是联系两者的桥梁。当年流行的还是稳态理论，这种理论基于反应过程中形成的各种不同链长分子的浓度不变的假定，但该假定显然不符合反应过程的实际情况。如果撤销稳态假定，就需要求解复杂的聚合反应动力学微分方程组。当时，前人只发表过4篇论文。为了进一步研究，颜德岳把4篇论文给出的公式都重复推导了一遍，却发现第三篇论文的结果有误。于是他写了一篇文章予以纠正，发表在复刊不久的《科学通报》上。接着，他又写了另一篇论文，发表在《高分子学报》上。

1980年初，颜德岳回到上海，调到同济大学，怀着极大的热情继续进行非稳态聚合反应动力学的研究，常常通宵达旦地工作。1982年，45岁的他被评为副教授，是当年同济大学最年轻的副教授，并招收了4名硕士研究生。他的学生都很优秀，在国际专业刊物上一共发表了二十余篇学术论文。1984年，他又从同济大学调到上海交通大学。那时上海交通大学应用化学系才组建了5年，各种科研条件尚不完备，颜德岳因此遇到了不少麻烦，但他并不计较，只是埋头做好自己的工作。到了20世纪80年代后期，他和学生已经发展出比较系统的聚合反应动力学的非稳态理论，建立了根据聚合反应机理与单体转化率计算聚合物分子量分布和有关分子参数的方法。

接着，颜德岳又和他的学生周志平一起进行高分子统计构象的研究，根据严格的物理定义，利用旋转异构态模型，推导了带侧基或主链含杂原子大分子的均方回转半径公式；再结合构型统计方法和旋转异构态模型，发展了大分子的构型-构象统计理论。至此，他欲进行聚集态结构的研究，然而由于不了解该领域的实验背景，他感觉无从下手。1991年初，他获得意大利热那亚工业大学的资助，到乔瓦尼·卡洛·阿方索教授的实验室学习高分子结晶的研究方法。1993年初，德国美茵茨大学的阿克塞尔·莫勒教授邀请他作为访问教授去工作5个月。回国后，颜德岳安排了一名硕士研究生进行聚丙烯熔体冷却结晶的计算机模拟研究。在学生于德国《大分子理论和模拟》杂志上发表论文后，颜德岳感到他做这类工作不可持续，因为十多年来他忙于手头的工作，没有时间学习电脑编程，无法对学生进行指导，想起自己读研时，曾在吴邦瑗教授的指导下潜心研究过阴离子型聚合反应，对实验研究也很有兴趣，颜德岳觉得自己可以“重操旧业”。

正值此时，莫勒教授来函，邀请颜德岳去短期工作两个月。到达美茵茨大学的那天，莫勒教授交给他几篇论文的复印件，并说：“超支化聚合物是近年报道的一类新型聚合物，你能不能建立超支化聚合反应的动力学理论？”颜德岳当天就列出了AB2型缩聚反应和自缩合乙烯基聚合反应的动力学微分方程组，一个星期内就求解得到两类超支化聚合物的分子量分布函数和平均支化度等公式，并通过电子邮件请国内的学生帮忙，根据公式在计算机上进行数值计算和作图。在短短一个月内，颜德岳就完成了论文初稿的撰写，又利用莫勒教授出国讲学的时间，查阅了当时已发表的有关超支化聚合物的几十篇论文，决定回国后就研究超支化聚合反应。他撰写的两篇论文发表于美国《大分子》杂志，但对于颜德岳而言，更重要的是他确定了未来的研究方向。

回到上海交通大学后，颜德岳就安排学生做自缩合开环聚合反应。他的博士研究生侯健在上海最冷的一天，准备制备具有超支化核的两亲性星状聚合物。当侯健在产物的溶液中加水时，忽然大喊："颜老师，快来看，出现了很多'鱼鳞'！"颜德岳只看了一眼就知道：这是宏观自组装。这种现象在自然界随处可见，所有的生命，例如植物和动物，都不是一个分子，而是由大量不同的生物分子通过多种弱相互作用自组装形成的多层次复杂有序结构。然而此前在实验室只能用电子显微镜或光学显微镜观察到微观或介观自组装物体，肉眼可见的超分子自组装现象还是第一次在实验室被观察到！上海的严寒天气（气温在$-7$℃左右）一年只有7天左右，受限于当时尚不完备的设备条件，只能来年继续这项工作了。

翌年冬天，严寒的几天又转眼过去，侯健的其他研究成果已经足够写成博士学位论文，之后他就毕业了。于是颜德岳让新入学的博士研究生周永丰继续这项研究。同时，颜德岳心想：不能再靠天吃饭，买不起低温反应的设备，就买两台冰柜来做低温聚合反应吧。周永丰很聪明，也很勤奋，制备了宏观尺度的自组装纳米管。他们还提出了在自组装结构中前驱体分子的堆积模型，并通过超薄切片、染色，拍摄了透射电镜照片，证明了自己提出的自组装机制。他们将文章投到

《科学》杂志，很快被接受，编辑还对原稿做了润色加工，但提出了一个要求：补充一张长周期测试图。周永丰立即到中国科学院长春应用化学研究所做样品的长周期测试，令人失望的是，他没有得到长周期的数据。他们又先后把样品寄到日本和德国，请在当地学习和工作的校友代为测试，但都没有测出长周期的数据。编辑部本来限期一个月把修改稿寄回，延期了两次后，还是达不到要求。最后颜德岳只能硬着头皮给编辑回信，表明没有测出长周期的数据，同时推测可能是因为组装结构内的两相虽然一相疏水一相亲水，但都是聚醚，反差太小，所以无法显示长周期。令人欣喜的是，第二天他们就收到了《科学》杂志接受发表的电子邮件。这是上海交通大学在该杂志上发表的第一篇论文！

此外，颜德岳还提出了乙烯基和氧杂环杂化聚合等新的聚合方法，合成了超支化聚磷酸酯等多种新型聚合物，并用超支化聚合物囊泡模拟了生物膜的分裂和融合。他又和周志平一起，进一步发展和完善了超支化聚合反应的动力学理论。

## 一波三折的科研之路

在研究生涯中，颜德岳也不无遗憾。20世纪80年代初，颜德岳的理论研究进展顺利，同时他意识到自己求解聚合反应动力学微分方程组的方法也可以用来求解三个天然放射系和一个人工放射系同位素的级联蜕变微分方程。可是他对放射化学不太精通，又忙于手头的工作，无暇自学，于是他给一位从事放射化学研究的教授写信请求合作，但没有得到回复。也许那位权威以为来信者是一个狂妄的年轻人，因此不予回应。颜德岳也就心无旁骛地忙于已有明确研究方向的工作了。当他第一次作为访问教授到德国美茵茨大学工作时，得知该校有放射化学研究所，又请莫勒教授向该研究所人员询问是否有合作意向。但对方的回答是：同位素级联蜕变微分方程的解析解已经没有意义了，他们已经编制了蒙特卡罗模拟程序，只要输入一个随机数，就可以得到数值结果。颜德岳十分失望，只能放弃。

又过了近二十年，中国科学院柴之芳院士的核分析技术重点实验室召开学术委员会会议，茶歇时，颜德岳对在座的人说："早年我差点进入了你们的研究领域。"接着他讲了自己积极寻找合作者但屡屡碰壁的故事。话音刚落，柴院士拍了一下桌子，喊道："颜先生，你上当了！同位素级联蜕变微分方程的解析解是很有意义的，现在也很有意义！"颜德岳如梦初醒："那我们合作吧。"那时，他已年过古稀，他把演算的任务交给周志平，柴之芳让自己的学生赵宇亮参与工作。经查阅文献，周志平发现已经有人引入一个假定来求解过这个微分方程，那个假定是分支蜕变两个方向的速率常数相同。而颜德岳的求解方法不需要这个假定，更符合同位素的实际蜕变过程。他们将论文投到放射化学领域的顶级刊物，这篇论文由德国美茵茨大学放射化学研究所的教授评审并获得了高度评价。冥冥中，上天给颜德岳开了个玩笑，他的设想几十年后才由他的学生实现。他和柴之芳相见恨晚，晚了几十年！

21世纪初，不少高分子领域研究者转而研究药物输送。高分子药物载体有许多优点，也有缺点，例如高分子有分子量分布，还可能有生物毒性等。针对这个问题，颜德岳提出了“两亲性药-药缀合物纳米药”的概念，即一种疏水药物和一种亲水药物通过降解释放出两种原药的化学键或连接基偶联起来，在水中组装成纳米粒子。纳米药可被动靶向传递到肿瘤组织，被癌细胞内吞后，释放出两种药物进行联合治疗。这项研究成果申报了专利，并在《美国化学会志》上发表，至今还是高被引论文。此后，颜德岳和学生在江苏吉贝尔药业有限公司的资助下，研制出一种候选药物，目前该药物已经进入Ⅱ期临床试验。随后，他和学生又研制了亲体-药物缀合物靶向抗肿瘤纳米药。其中一种治疗卵巢癌、乳腺癌和胃癌的靶向药的知识产权已经转让给山东鲁宁药业有限公司，正由该公司推进临床应用转化工作。他和学生根据两亲性药-药缀合物纳米药的原理，还研制出了一种逆转耐药性的纳米药。动物实验结果表明，这种纳米药对高度耐药的MCF-7乳腺癌和三阴性乳腺癌都有较好的疗效和安全性，已申请专利。另外，还有几种抗肿瘤新药正处在紧锣密鼓的研究中，相信未来这些新药能造福患者。

## 承上启下育新人

颜德岳不仅是一名科学家，更是一位优秀的教育家。他说，20世纪50年代初，他的老师这一代科学家从欧美学成回国，带回了先

颜德岳给研究生上课

进的科技知识，培养了他们这一代人。改革开放后，他的老师这一代人年事已高，正值壮年的他们，要义不容辞地肩负起承上启下、培养新人的责任。因此，颜德岳一直认真对待教学工作。给研究生讲授统计力学课程时，几乎每节课后都会出现师生热烈讨论的场景，形成教学相长的生动局面，他因此获得学校“教学优秀奖”。培养研究生时，颜德岳对科研工作的要求十分严格，常常对学生说：“科学研究是探索未知，必须唯实求真，不能有半点马虎和虚假，同时要有灵感、激情和百折不挠的精神。”刚进入颜德岳课题组的研究生都有很深的体会：颜老师对他们提的要求“过高”，他们总担心自己完不成科研任务。但事实证明，严师出高徒，经过几年的学习和研究，他们不仅发表了高水平论文，打下了坚实的科研基础，还能胜任新的工作或继续深造。

颜德岳虽然严格，但很关心学生。虽然课题组经费一度十分紧张，但该买的器材和试剂，他从不吝啬。尽管有的试剂可以通过自制来节省费用，但颜德岳不同意，他说：“博士研究生的时间是宝贵的，好钢要用在刀刃上。”当学生在研究中遇到困难时，颜德岳总是和他们一起分析问题，寻找突破口。他常常会在深夜或一大早给学生打电话，及时把自己的思路告诉学生，帮助他们深入思考、解决问题。对于博士研究生的学术论文，颜德岳都要反复推敲，不断修改。有一次，一位博士研究生的论文被国外某知名学术期刊采用，该期刊要求马上修改好论文并寄回。那天刚好是大年三十，时间紧迫，颜德岳就把这名学生请到自己家里，和他一起连夜修改论文，一直忙到大年初一，论文才得以顺利发表。

2010年，颜德岳在北京人民大会堂
领取国家自然科学奖二等奖证书

直至今天，已是耄耋之年的颜德岳仍然奋战在科研一线，他对科研的坚定与执着，激励了一代又一代年轻学子。迄今为止，他已经培养了近80名研究生，其中有3名博士研究生的博士学位论文被评为全国优秀博士学位论文，7人获得国家杰出青年科学基金资助。2021年，颜德岳被评为上海交通大学第一届“交大名师”。颜德岳见证了国家发展过程中科研条件改善和科研队伍不断壮大的过程，他衷心希望年轻学者能珍惜来之不易的科研环境，奋发图强，把我国的化学学科建设成为在国际赛道上领跑的一流学科！

颜德岳给上海交通大学致远学院本科生讲课

## 精神闪耀

颜德岳常怀感恩之心，对曾给予他帮助的母校和恩师心存感激。当提到杭州高级中学时，颜德岳骄傲地回忆道："那时的杭一中，是全省首屈一指的名校，老师一直给同学们上新课，甚至到高考前都不组织专门的复习，真正做到素质教育和成绩'双丰收'。"对于导师唐敖庆先生，颜德岳心中满是感激之情：能跟随导师学习是他的幸运，这让他这个寒门子弟得以跻身学术"豪门"。他之所以能够站在讲台上，做创新研究，是因为在导师那里接受了良好的训练。

颜德岳生活简朴，他的办公室是一个十几平方米的小房间。他说，要把空间留给学生做实验。通过言传身教，他培养出了一批化学领域的杰出人才。颜德岳曾经对学生说："歌手一曲万金，球星一脚成名，暴发户一夜致富，而学者须心如止水，脚踏实地，淡泊名利。我认为我们拥有的社会价值就是我们最宝贵的财富。我很快乐，如果让我和他们交换一下角色，我还真不会同意。如果让我重新选择一次，我仍然要做一名学者。"这一席话便是对他简朴生活和执着追求的最好注释。

杭高120周年校庆活动中，颜德岳（右一）向班主任献花

## 院士小传

颜德岳，1937年3月出生于浙江永康，高分子化学家，中国科学院院士。

1953年，颜德岳毕业于永康县立初级中学（今永康中学）；1956年毕业于杭州第一中学；1961年毕业于南开大学化学系；1965年毕业于吉林大学化学系，获硕士学位；1965—1971年，任华东化工学院塑料研究室助教；1972—1979年，任上海化工学院助教；1980—1984年，历任同济大学化学系讲师、副教授；1984年至今，历任上海交通大学应用化学系副教授、教授。2005年当选为中国科学院院士。1989年、1999年和2009年，先后获得国家自然科学奖二等奖、四等奖和二等奖。

颜德岳比较系统地发展了聚合反应动力学的非稳态理论，提出了杂化聚合等概念，合成了超支化聚磷酸酯等新型聚合物；提出了“两亲性药-药缀合物纳米药”的概念，并研制了亲体-药物缀合物靶向抗肿瘤纳米药。

执笔：沈丹

# 潘云鹤

## 中国智能CAD和计算机美术领域的开拓者

人工智能在以前的发展中都是欧美国家处于领先地位，中国在努力追赶，但在人工智能新一轮的发展中，中国有了很大的主动性，走在时代前列。

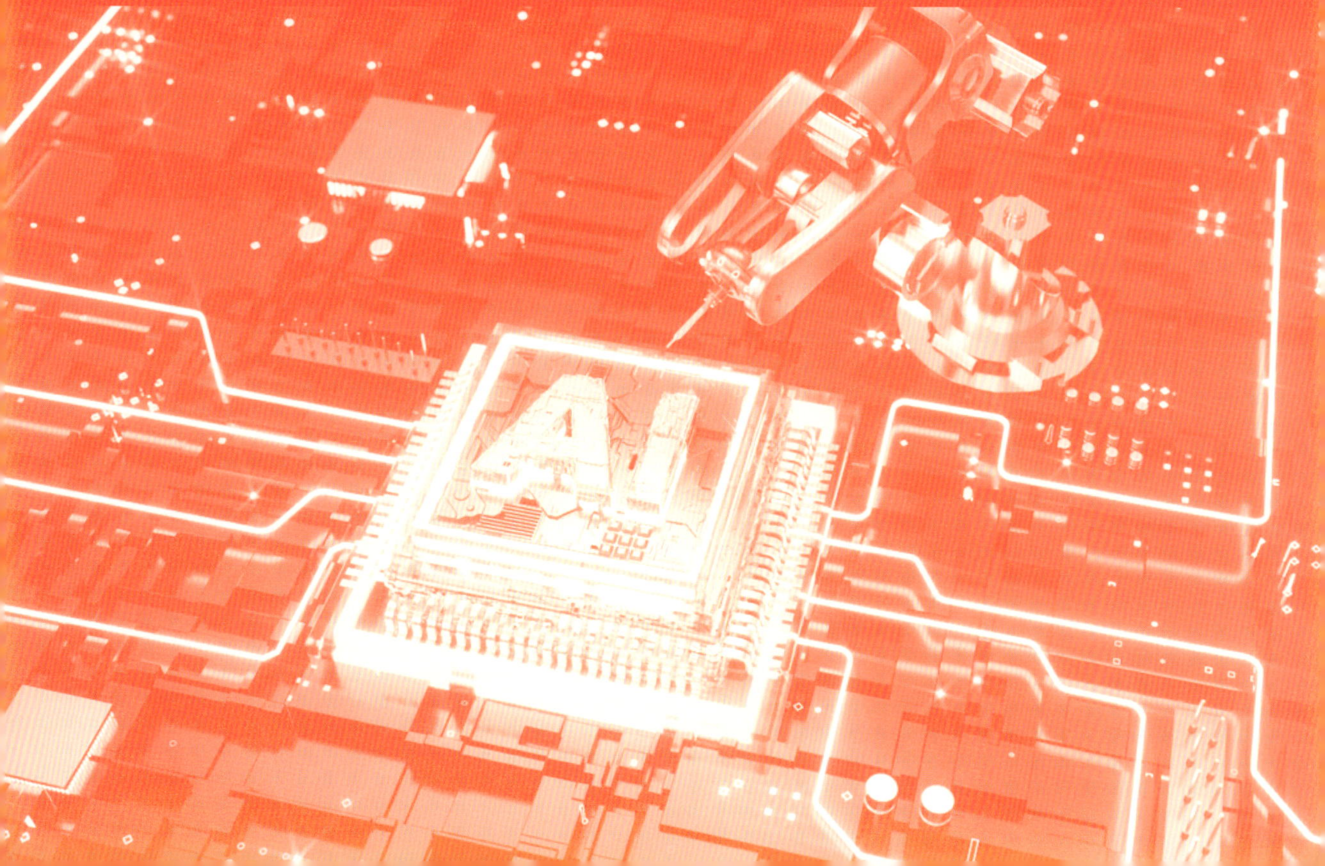

忽如一夜春风来。1978年，高校恢复招收研究生的消息传来时，32岁的潘云鹤已经是湖北省襄樊市（今襄阳市）科学技术委员会主管业务的副主任了。

时代的浪潮汹涌澎湃，对知识的渴望成为那一代青年前行的巨大动力。几乎没有任何犹豫，他毅然决定放弃小有成就的事业，报考浙江大学计算机专业，去追求学术探索的殿堂。

一纸录取通知书将他从荆楚大地带回了故乡杭州。回首过往，我们会发现，当年的这个决定，不仅改变了潘云鹤个人的命运，开启了一位青年学者在学术领域的漫漫征途，也预示着我国人工智能领域的悄然萌芽。

## 美术生之梦

“小楼一夜听春雨，深巷明朝卖杏花。”东西走向、长度不足二里的孩儿巷，是老杭州人再熟悉不过的街巷，南宋爱国诗人陆游就曾在这里写下《临安春雨初霁》一诗。

年少时光，如溪涧初生，清澈而欢跃。

从怀幼小学（后来更名为“祖庙巷小学”）到杭州第二初级中学（后来更名为“延安中学”），在孩儿巷1号的宅院里，潘云鹤度过了无忧无虑的童年和少年时光。

孩儿巷离西湖不远，儿时的潘云鹤常常跑去西湖边游览、玩耍。这一带，因为有着西泠印社、浙江图书馆、杭州书画社、中国美术学院等学术机构，具有浓郁的人文气息。看着湖边来来往往的背着画夹写生的美院学生，小小年纪的潘云鹤心生羡慕，他梦想着自己有一天也能成为书画家，于是，他开始学习画画。正是杭州这方水土的人文浸润，在小小的潘云鹤心中埋下了艺术的种子。

1960年，初中毕业的潘云鹤考进杭州市文化局创办的杭州艺专美术系，终于圆了成为一名美术生的梦想。

在西子湖畔的这所艺术学校，潘云鹤废寝忘食地练习素描、临帖写字、学水粉画，像海绵一样吸收东西方的艺术精华。

可惜，好景不长，就在他向着美术生、书画家的梦想不断努力时，学校却突然停办了。

原来，1961年，整个国家处在三年困难时期，学校难以为继，只能无奈倒闭。被迫中断学业的潘云鹤步入社会开始工作。他被分配到杭州美术公司镜框工场当油漆工学徒，做油画镜框。

1962年，沉重的打击再度降临。镜框工场要裁减部分1958年后入职的工人，潘云鹤就这样失去了人生的第一份工作。

失业的潘云鹤和哥哥在秋风渐起的杭州街头闲逛。两人突然看到路边有一所叫“钱江中学”的民办高中在招生，于是便顺手报了名。就这样，潘云鹤成了钱江中学的第一届高中生，后来还成为学生会主席（钱江中学几经变迁，后来更名为前进中学，于2004年与青春中学合并成杭州市青春中学）。

临近毕业，即将参加高考的潘云鹤又一次面临人生的重要抉择。一天，潘云鹤在西湖边散步，望着波澜不惊的湖面，回忆起自己曾经疯狂学画的那段日子，他不甘心就此放弃，想继续追逐自己的艺术梦想。

但是，这时候，家里出现了不同的意见。经历了之前艺术学校倒闭一事，家人希望潘云鹤能转而学习更经世致用的理工科。

1965年，高中毕业的潘云鹤考上了上海同济大学建筑系。从美术转到建筑学，其实，这也是始终放不下艺术梦想的潘云鹤的一个折中方案：进入既需要科学技术，又需要文化艺术的建筑学专业。

## 当科学遇上艺术

1970年，潘云鹤从同济大学建筑系毕业，被分配到位于湖北省襄樊市的南漳钢铁厂担任技术员。

他兢兢业业地在工厂里劳动，与工人师傅们一起进行技术革新。不久，他的工作表现、学识才干和处事方法，得到了周围所有人的赞赏。

在这家远离城市的工厂，他第一次尝到了因科技创新而获得成就感的滋味。他参与设计和改造的小高炉，竟成功用无烟煤炼出了一般钢铁厂无法炼制的纯铁。最终，该研究成果在武汉工业展览馆内展出。

此后的几年，虽然潘云鹤的工作经历多次调动，但他敢于创新的脚步却从未停止。

1972年，他被调至襄樊市科学技术委员会工作。在那里，潘云鹤完成了数字提花织机、数字量革机、数控线切割机等多个研发项目，筹建了襄樊市自动化研究所，并担任第一任所长，他关于计算机技术的知识就是在研究所开始自学的。很快，他又升任襄樊市科学技术委员会副主任。

1978年春，我国高校恢复招收研究生。浙江大学何志均教授对外公布，招收首批计算机系人工智能专业的硕士研究生。

远在湖北的潘云鹤，已敏锐地察觉到：随着科技日新月异，未来社会对人才的要求会越来越高。他经过一番深思熟虑，决定去高等学府继续深造。那一年，他32岁。

自此，他重回校园，并将探索人工智能与计算机图形学、智能计算机辅助设计（CAD）的结合作为自己未来的主要研究方向。

进入学校后，何志均教授很快便注意到这位综合素质颇高但并非计算机专业出身的学生。在何志均教授的悉心指导下，潘云鹤的综合能力显著提升。潘云鹤将“计算机工艺美术专家系统”作为自己的硕士学位论文主题。

1982年，他在此基础上成功研制了“智能模拟彩色平面美术图案创作系统”。三年后，这套系统在日本筑波科技展览会上展出，它代表了当时计算机美术图案创作系统的最高水平。

当讲解员启动程序后，彩色显示屏上立刻出现一些线描的几何图案，随后这些几何图案上又出现了奔马、丛林、兰花、飞鸟等纹样，不仅非常迅速，而且新颖动人、布局奇特。

当代美国著名科学家、诺贝尔经济学奖和图灵奖获得者赫伯特·西蒙看过这个系统后，忍不住惊叹："从计算机美术诞生后，我一直致力于研究它。这是我见过的最激动人心的美术程序。"

潘云鹤和同事们的出奇制胜引起了巨大反响。这个图案创作系统将计算机辅助设计技术与人工智能结合起来，首次提出了艺术图案设计构思的知识表达和系统构成的方法，为计算机模拟形象思维做了一次成功的尝试，也为自然科学与文化艺术的结合开辟了新的智能化道路。

荣誉和赞扬声纷至沓来，潘云鹤无暇陶醉，他很快着手推动科研成果向传统行业的转化。墙纸、地毯、壁画、刺绣等一系列计算机创作系统研制成功，并在全国数十家单位推广应用，取得了显著的社会效益和经济效益。

1984年，潘云鹤(左一)与浙江大学计算机科学与技术学院创始人何志均教授(左五)等合影

进入20世纪90年代，潘云鹤的研究向着更高的学术层面——人类的认知与思维模拟逐步推进。1994年，他作为“在国家高技术研究中作出重要贡献的先进个人”，受到国家科学技术委员会的表彰，并担任国家自然科学基金会组织的重点项目“面向智能计算机的思维与记忆模型”的负责人。

1997年12月，51岁的潘云鹤当选为中国工程院院士，也是同期最年轻的院士。

与此同时，潘云鹤在浙江大学也被委以重任。1991年，他开始担任计算机系主任，短短4年后，他就被任命为浙江大学校长。1998年9月，原浙江大学、杭州大学、浙江农业大学、浙江医科大学四校合并，潘云鹤继续担任校长，执掌“新浙大”。

## 勇敢的拓荒者

1991年，潘云鹤收到一封特殊的来信，这封信至今仍被收藏在浙江大学档案馆里。写信人是时年80岁的钱学森。

钱学森亲笔写下了洋洋洒洒三页纸，信中高度肯定了浙江大学这位年轻学者极具探索性的工作。

钱老在信中以风趣的语言勉励潘云鹤：“大作对形象思维的重要性及抽象思维之不足有深入的分析，是对1984年8月会议认识的一次重大发展。我们对思维学的研究方向更加明确了……计算机只会‘计算’，可以说笨透了，一点都不聪明！我们的任务是找突破口！你指

1995年，潘云鹤（左一）指导学生做科学研究

出了突破口，这很了不起！下面就是攻关任务了。”

从纺织图案智能设计的专家系统到产品智能设计创新系统，潘云鹤一直在研究如何让人工智能“更聪明”。他将对形象思维的研究落实到AI和多媒体技术的结合上，提出了“跨媒体智能”的新概念。由此，潘云鹤带领团队不断开拓着教育、艺术、科学与人文交融互促的新学科、新方向。

作为一位战略科学家，潘云鹤早在2015年就提出了“人工智能2.0”这一概念，并组织和主持了中国工程院重大咨询研究项目“中国人工智能2.0发展战略研究”，抢占先机。之后，在科技部的组织下，潘云鹤与其他专家编制了《新一代人工智能发展规划》及其实施方案，该规划是我国发布的首个国家人工智能发展战略规划。在我国人工智能蓬勃发展后，他又不断发表报告和论文，提出“多重知识表达”“视觉知识”“数据与知识双轮驱动的AI”和“群体智能的结构模型”等新方向，推动新一代人工智能的深入创新。

在潘云鹤心目中，未来的人工智能应具备一个形象思维的“大脑”，而不是像传统的计算机图形图像学那样，机械地照搬照相机的工作原理。

人类大量的知识属于视觉知识，其中蕴藏着有关“感知”和“想象”的无穷奥秘。让人工智能在基于符号和逻辑的语言知识之外，也学会表达视觉知识、听觉知识等多种知识，开启全新的未来图景。这就是潘云鹤这位勇敢的拓荒者为人工智能2.0开辟出的一条崭新路径。

“要让任何人，在任何时候、任何地方，都可以访问任何知识。”2001年，潘云鹤和美国图灵奖获得者、卡内基梅隆大学教授拉杰·雷迪联合发起了由中国教育部和美国自然科学基金共同支持的“中美百万册数字图书馆国际合作计划”，并取得成功；随后又联合国内30所大学实施了“高等学校中英文图书数字化国际合作计划”。

为了让数据与知识支撑教育、经济和人类的创新活动，潘云鹤还主持创立了“中国工程科技知识中心”，极力促成联合国教科文组织的“国际工程科技知识中心”落户中国。

“浙大团队做了一件敦煌亟需的工作。”敦煌研究院名誉院长樊锦诗把潘云鹤团队称为古老文物的“养颜人”。

1997年，潘云鹤带领团队开展敦煌莫高窟壁画保护与修复工作，并研发了具有独立自主知识产权的文物预防性保护监测与高保真数字化采集技术，实现了对珍贵壁画彩塑等文物的本体安全预警、环境调控支持，以及原真性永久记录和沉浸式展示的功能。

2018年9月，潘云鹤在世界人工智能大会上做主旨演讲

潘云鹤还深入探索了人工智能对数字经济的赋能作用，提出了工业经济智能化的“五层模型”。他说，将人工智能用于经济管理，这尚未引起国外研究者的兴趣，但对中国市场经济的宏观调控而言却十分重要，也终将会对社会经济的发展产生重大影响。

## 精神闪耀

爱好绘画和书法、研究过数控技术、学过建筑设计……多元化的知识背景，让潘云鹤在计算机领域走出了不同于前人的创新之路。科学与艺术，总是在山脚“分开”，最终在山顶“相见”，潘云鹤的人生经历生动地诠释了这句话。

1979年，潘云鹤将自己在美术、建筑、计算机等众多学科上积累的知识与经验成功融合，研制出“智能模拟彩色平面美术图案创作系统”。荣誉和赞扬声纷至沓来，潘云鹤无暇陶醉。那是打开国门、走向世界的时代，他留学海外，深入研究前沿技术，梦想着学成报国，“让中国的科技强大起来”。

回国后，潘云鹤历任浙江大学人工智能研究所所长、现代工业设计研究所所长、计算机系主任、副校长、校长，中国工程院常务副院长等职。

一些人物的故事之所以动人，在于其跨越历史长河的岁月沉淀，走过发展更迭的深厚阅历，更在于辛勤耕耘的崇高精神：在浩浩荡荡的时代进程中，始终找到属于自身的奋斗方向，怀着一颗初心，不断前行。

个人成长与国家发展本就休戚与共。潘云鹤以“敢为天下先，勇向潮头立”的奋斗精神，把个人的前途同国家和民族的命运紧密联系在一起，把爱国精神转化为实际行动，用自己的汗水、热血、才智，书写中国科技事业辉煌的篇章。

## 院士小传

潘云鹤，1946年11月出生于浙江杭州。计算机和人工智能专家，中国工程院院士。

1970年毕业于同济大学建筑系，1981年获浙江大学计算机系硕士学位，同年留校任教。曾任浙江大学校长、中国工程院常务副院长，兼任国家新一代人工智能战略咨询委员会主任、中国创新设计产业战略联盟理事长、中国人工智能产业发展联盟理事长等职。1997年当选为中国工程院院士。

潘云鹤是中国智能CAD和计算机美术领域的开拓者，也是国际计算机应用领域的专家。他提出综合推理的概念、理论与技术，并将基于字符的类比推理扩展为基于形状的综合生成，大大提高了CAD的创新能力。他将人工智能引入计算机图形学，提出了智能图形学的新概念。他倡导的知识、能力、素质并重的育才模式已在浙江大学推广开来。获国家科学技术进步奖多项。

执笔：潘卓盈

# 戴民汉

## 中国海洋碳循环研究的引路人

人、海洋、地球是密不可分的命运共同体。一个健康、繁荣的海洋，是地球家园的“心脏”，也是人类的机遇。

杭州植物园内有一条“院士路”，它位于水生植物区（蔷薇园）内，绿荫环绕，环境幽美，这里有多位院士的手印和生平简介，戴民汉就是其中一位院士。2021年，阳光明媚，碧波荡漾，戴民汉在这里激动地按下了自己的手印，这一刻他感觉自己与杭州这片土地的联系又紧密了几分。他转过头迫不及待地邀请妻子与他合影留念，共享这份喜悦。回想起自己在杭州的成长经历，他思绪万千。

## 一个有趣的书生

戴民汉少年时期的求学经历基本离不开杭州这片土地。他高中就读于杭州第一中学（今浙江省杭州高级中学，简称“杭一中”）。在校期间，他品学兼优，是一位名副其实的“学霸”，班主任江焕棣老师对他印象深刻，称赞不已。

戴民汉在杭一中的入学照（左）和毕业照（右）

刚入学时的戴民汉稚嫩的脸庞上犹带着青涩的笑意，毕业时的他则已显露出少年英气，眼神坚定有力，如同一只即将振翅翱翔的雄鹰，浑身散发着文艺青年的气质。

“我是书生，但可不是一个呆呆的、只会埋头做研究的‘孔乙己’，我希望我是个有趣的书生。”戴民汉自诩是个书生，并且希望成为一个有趣的书生。在他的同桌张健眼里，戴民汉在杭一中求学期间早已显露出这一特质。

高中学业压力繁重，戴民汉平时话不多，但简短的言语、默默的行动，却时刻透露出他良好的自控力。他对自己的要求极其严格，什么时候该做什么事，不该做什么事，什么事做多长时间，什么事要重点做，什么事要简单做，什么事可以暂时不做……他都有清晰的规划。每当其他同学因作业写不完而推迟去操场跑步锻炼的计划时，戴民汉总是准时地收拾好书本，不等老师催促就起身前往操场，即便手头还有作业未完成也会自觉放下。戴民汉身上这种强大的自控力与日复一日的坚持，在高中时期已格外引人注目，甚至感染了他身边的同学。

除了一贯的坚持与强大的自控力，高中时期的戴民汉留给同桌张健的另一个深刻印象是极强的专注力。他做任何事都全力以赴、全神贯注，并且有极强的时间观念，绝不拖延。“他做作业时，仿佛进入了另一个世界，即使喊二三遍他的名字，他都有可能听不见，即使缓缓抬起头，目光还是依依不舍地停留在作业纸上。”即使过了三十多年，张健还是能够清晰地回忆起这些细节。当他还在一边抄写黑板上要带回家的作业题，一边和前后座同学聊天时，戴民汉早已落笔如飞，转眼间做完了大半的习题。这种专注力和自控力在同龄人中间已是卓尔不凡，可以想见，戴民汉日后的成就离不开自少年时期起的坚持不懈与刻苦钻研。

戴民汉（第三排左五）所在班级的高中毕业照

青年时期的戴民汉因杭一中老师的传道授业而受益匪浅。班主任江焕棣老师逻辑缜密的数学推演造就了他严密的逻辑思维，赵楚寅老师的“每日一文”培养了他扎实的文学功底，曹文趣老师的“得天下之英才而教之——幸也”成为他日后的育人宗旨之一……这些良师对戴民汉的科学启蒙、人文积淀、人格塑造都产生了深远影响。他始终难以忘怀在杭一中就读的那段时光，这一切都为他之后的科研工作打下了良好的基础。

2017 年 12 月 4 日早晨，一周前刚刚当选中国科学院院士的戴民汉就迫不及待地赶到杭州高级中学贡院校区，向母校和老师报喜，并对母校的栽培之恩表示感谢。他的身影一出现，就引来了一大批杭高学子的热烈欢迎，他们争先恐后地想与这位优秀的前辈进行交流。戴民汉脸上始终带着浅浅的微笑，不厌其烦地与众人交谈，并为他们写下寄语，鼓励他们努力学习，为祖国建设作出更大的贡献。

1983 年，戴民汉从杭一中毕业，以优异的成绩考入厦门大学海洋系，从此投身海洋学研究领域，耕耘不辍。大学期间，他的成绩始终名列前茅。1985 年，戴民汉获得了厦门大学为表彰优秀在校生而设立的最高奖项“嘉庚奖”，当年全校仅有两名本科生获此殊荣。

据他的大学同班同学、厦门大学校友总会秘书处秘书长曾国斌回忆，当时戴民汉每门功课的成绩都在 90 分以上，令人惊叹不已。教党史的陈祖鸿老师亦对这位“学霸”印象深刻：从来没有一名学生像戴民汉这样，写出的答案无懈可击。但由于这门课没有得 100 分的先例，陈祖鸿只好忍痛扣了戴民汉一分。

戴民汉（第二排右十）与杭高学子合影

这位“学霸”的趣事还远远不止这些，他文武兼修，德智体美劳全面发展，不仅文化课学得好，体育锻炼也不甘落后，体育课成绩达到了90分；他还热衷于篮球、网球等运动，可谓是十八般武艺样样精通；此外，他的象棋水平也让人赞不绝口。

就是这样一个有趣的书生，看见他的人对他的第一印象或许是“这是一位文艺青年”。帅气的斜刘海使他显得年轻而富有活力，鼻梁上架着的银丝边框眼镜和一身笔挺的西装使他看起来文质彬彬、温文儒雅。他的嗓音温和而悠长，透着江南文人温润的气质。后来，戴民汉学成归国并在厦门大学任教，其间经常在校园里穿着花衬衫、白裤子，有时是一身笔挺的黑西装，手插裤兜，这些形象都深刻地烙印在学生心中。在众人眼里，他被亲切地贴上“男神科学家”“国内外海洋碳循环研究的佼佼者”“才华与颜值并存”等标签。对此，戴民汉淡淡一笑说：“我是个书生，我爱读书，喜欢作研究。”

戴民汉对杭州和厦门这两座城市都有着独特的情感，前者生养了他，后者成就了他。他说："厦门和杭州，都有各自独特的气质。厦门的美是蓝色的，像大海一样神秘且令人着迷。杭州的美是绿色的，她有着五千年的文化积淀，她的底蕴让人着迷，创新活力让人推崇，传统和现代化完美融合，赋予了杭州独特的韵味。"在戴民汉的身上，人文情怀与科学精神融为一体，造就了这个有趣的"书生"。

## 学习结束了，当然要回来

书生意气，挥斥方遒。指点江山，激扬文字，粪土当年万户侯。戴民汉不仅是个有趣的书生，还始终心怀祖国建设，为提升我国海洋科技水平作出了重要贡献，显著提升了中国海洋科学的国际影响力。

21世纪初，中国的海洋科学研究还相对落后，和国外的差距较大，中国科研工作者一度只能借用国外的实验设备出海开展观测研究。为了帮助我国提升海洋科技水平，戴民汉在国外深造后，毅然决然地选择归国，投身祖国的海洋科学事业，直至今日。

1995年，戴民汉在法国巴黎第六大学（今索邦大学）获得博士学位，随后前往世界顶尖的海洋研究所——美国伍兹霍尔海洋研究所从事博士后研究，并以出色的表现获得了每年仅向全世界提供不到十个名额的博士后奖学金。1998年，他在伍兹霍尔海洋研究所完成了博士后研究工作，随即回到厦门大学任教。对此，他只是轻描淡写地说："学习结束了，当然要回来！"

之后，戴民汉立足国际前沿领域，将自己的研究方向定为“海洋碳循环”，主要研究“海洋中的二氧化碳从哪里来、到哪里去”“海洋碳循环如何影响气候变化，如何影响海洋生态系统”“如何从定量角度对海洋碳排放与碳汇进行调控”等问题。他的重点研究课题有两方面：一方面是研究海洋在调控二氧化碳等温室气体方面所发挥的作用；另一方面是“海洋酸化”，研究二氧化碳进入海洋后如何影响海洋生态系统。戴民汉还致力于利用基础研究成果支撑海洋健康和综合治理，强化海洋管理的科学基础，促使我国在全球海洋环境治理中发挥更大的作用。他的研究涉及生态环境、生态系统安全等多个领域。

科学研究的道路注定不会一帆风顺，尤其是面对变幻莫测的海洋环境时。戴民汉至今还清楚地记得一次在北冰洋的出海经历，那时工作条件十分艰苦，整整一个月，他平均每天只能睡2小时，工作强度之高，常人难以忍受，需要极为强大的信念和毅力来支撑。还有一回在南海，戴民汉乘坐的船遭遇了11级大风浪，整整两天两夜，船只能缓慢前行。“我在驾驶室里，看着风浪过来，就那么一瞬间，把船舷的铁栏杆吹走了。这就是大自然惊人的力量。”谈及这些惊险瞬间，戴民汉只是平静地叙述，其中更多流露出的是他对海洋的敬畏和对研究工作的热爱。对他来说，研究海洋的一大乐趣在于每一次都有不一样的发现，他被海洋的魅力深深地吸引着。

二十多年前，中国海洋科学研究人员面临的研究困境在戴民汉心中埋下了科技强国的种子。有一次，戴民汉推着从美国借来的十几箱实验设备，独自在香港转机，历经千辛万苦才得以回国开展工作。这

戴民汉（左一）当选中国科学院院士颁证仪式

戴民汉出席2019年厦门国际海洋周活动并发表重要讲话

些瞬间都让他暗自下定决心，一定要让中国拥有自己的先进平台、高端设备和强大的科研团队。他说："我就怕人家看不起中国人，所以想回来，搞好自己的科研。"此后，在戴民汉及团队成员的共同努力下，厦门大学建造了世界顶级科考船"嘉庚号"，还成立了近海海洋环境科学国家重点实验室。可以说，该实验室的成长史正是中国海洋科研实力由弱到强发展历程的缩影。

2005年，戴民汉带头创建了厦门大学近海海洋环境科学国家重点实验室。起初，实验室在人才队伍、研究装备等软硬件条件上都亟待提升，在被评为国家重点实验室的第二个月就作为国家级平台的"老幺"参加五年一次的评估，勉强通过评估。在戴民汉心中，这些还远远不够。2010年，在戴民汉团队持续五年的不懈努力下，实验室再一次迎来国家重点实验室评估的"大考"。这一次，实验室脱颖而出，获得"优秀"评价，完成了一次华丽的蜕变。这一天也是戴民汉心目中"到厦大以来最开心的一天"。2015年，该实验室在又一次评估中蝉联优秀，且为本评估期全国海洋科学领域唯一被评为优秀的国家重点实验室。2018年，由5位国际知名专家组成的国际评估委员会对实验室进行全面评估后，认为"实验室在海洋生物地球化学领域享有很高的国际声誉，可以说是国际上唯一以这个重要研究领域为专长的实验室……总体上讲，实验室的研究具有极佳的国际声誉"。但戴民汉只是淡淡地说："这样的评价，既是激励，更是压力和动力，实验室要继续在国际海洋研究前沿发出自己的声音，仍然任重道远。"

近年来，戴民汉还致力于将福建省海洋科学与技术创新实验室打造成国家重点实验室的“2.0版”——“科研自贸区”，力求在科研模式、科研与产业融合模式、经济社会发展模式三个方面有所创新。为此，戴民汉团队为实验室设计了四个创新平台，即聚焦国际海洋科学前沿的“未来海洋”平台，通过信息化、人工智能、先进装备等进行海洋观测认知的“智慧海洋”平台，致力于海洋渔业、海洋药物、海洋能源、海洋碳汇等海洋产业发展的“蓝色海洋”平台，以及关注人海融合整体解决方案的“永续海洋”平台。

“一直和海洋打交道，和海洋结缘，我一生的事业都在海洋。”戴民汉为中国海洋科学事业走向世界舞台作出了重要贡献，他是业内公认的具有国际影响力的科学家，他的研究对增强我国海洋话语权、推动中国参与全球环境治理具有重大意义。

2023年，戴民汉（左一）考察深圳福田红树林

戴民汉十分关注海洋生态环境问题，呼吁从国际、国家层面开展合作，从陆地、海洋两方面，综合运用科技、环境、政治、经济等手段对海洋进行综合治理，实现海洋及海岸带区域和资源的可持续保护、开发和利用，最终形成陆海统筹、人海和谐的发展模式。他相信在不远的将来，海洋必将成为人类永续发展的重要舞台，并呼吁更多的青年才俊加入中国海洋事业：“人、海洋、地球是密不可分的命运共同体。一个健康、繁荣的海洋，是地球家园的‘心脏’，也是人类的机遇。”

## 精神闪耀

戴民汉始终心怀祖国建设，学成归国后主动担负起振兴中国海洋事业的重任，大幅提升了我国海洋科学在国际上的影响力。然而，他为人又很低调，在院士增选名单公布后，戴民汉迅速“销声匿迹”，婉拒了所有媒体的采访。

荣耀光环的背后是常人难以想象的艰辛，戴民汉工作极其勤奋刻苦，有时甚至到了废寝忘食的地步，他的学生形容他的工作时间是“365天×24小时”，他的同事几乎每小时都能收到他的邮件。他说：“人的示范作用是很重要的，科学家可以是有趣的，可以享受生活，可以很有情怀，当然，他们对待科学必须是极其严谨的。”

戴民汉在科研之余，积极参与国家和区域的科技战略规划工作，为国家和区域的科技战略规划作出了重要贡献。他还推动了在厦门大学马来西亚分校设立“中国—东盟海洋学院”的工作，实现中国海洋学科第一次走出国门办学的目标。此外，他在开展海洋科普教育、提升公民海洋素养方面也倾注了大量心血。

戴民汉的高尚品德不仅体现在他的学术成就和科研贡献上，更体现在他对后辈的培养、对国际合作的推动、对社会的责任感以及对科学普及的贡献上。他的卓越成就和敬业精神为我国乃至全球的海洋科学研究和教育事业树立了典范。

## 院士小传

戴民汉，1965年出生于浙江杭州，化学海洋学家，中国科学院院士。

1983年，戴民汉从杭州第一中学毕业，考入厦门大学。1995年获得法国巴黎第六大学地球科学博士学位，随后在美国伍兹霍尔海洋研究所从事博士后研究。1998年进入厦门大学工作，担任教授。2017年，当选为中国科学院院士。

戴民汉主要从事海洋生源要素、放射性核素的生物地球化学研究，致力于海洋碳循环研究，注重海洋观测、多学科交叉综合研究。他系统研究了中国近海与主要河口的碳循环，揭示了其二氧化碳源汇格局、关键控制过程与机理；提出用物理—生物地球化学耦合诊断方法来定量解析边缘海二氧化碳源汇格局，构建了大洋主控型边缘海碳循环理论框架。获教育部自然科学奖一等奖、国家海洋局海洋科学技术奖特等奖等。

执笔：陈轶昀

# 后　记

之江院士，国之脊梁，之江楷模。钟灵毓秀的浙江大地，学者志士辈出，院士众多。记录这批院士，挖掘院士成长故事，将科学家精神变为一个个故事传承下去，是我们的责任和使命，遂有《之江院士成长之路》这套丛书。丛书从七年前开始策划，广泛收集了百余位院士资料，最终结集为《之江院士成长之路　贡院启航》《之江院士成长之路　求是菁华》《之江院士成长之路　明州俊杰》《之江院士成长之路　钱江潮涌》四本，记录着一个个之江院士成长与奋斗的故事。

《之江院士成长之路 求是菁华》聚焦于浙江大地上的二十余位院士。他们以严谨治学、求真务实的态度，在科学探索中开辟新径。本书通过梳理院士们的学术生涯、教育轨迹与科研突破，再现了他们从青年学子到国之栋梁的励志故事。书中既有历史档案的印记，也有院士手迹和珍贵留影。这些图文并茂的篇章，勾勒出一代学人坚守真理、勇攀高峰的精神图谱。

本书不仅是院士成长的缩影，更是一部传承“求是”基因的启示录。科学之路无捷径，唯以求真致远方。愿这些故事能点燃青少年心中的科学火种，激励他们以院士为楷模，在追寻真理的道路上笃行不怠。

在本书编撰过程中，团队始终恪守真实、客观、生动的原则，于浩繁史料中抽丝剥茧，在严谨考证中还原历史。我们力求以平实而深情的笔触，展现院士们如何将个人理想熔铸于国家需求。本书的完成，离不开众多专家、学者和单位、机构的鼎力支持：丛书主编徐善衍先生与执行主编司马一民先生，他们以渊博的学识与独到的眼光，为全书脉络与细节把关，赋予文字以思想的深度；潘云鹤院士、颜德岳院士、朱位秋院士、韩济生院士等专家，他们在百忙之中拨冗审阅书稿，提出了宝贵的修改意见；浙江省科协、杭州高级中学等单位和机构为本书的编写提供了重要支持。在此，一并致以衷心的感谢。

最后，要特别感谢丛书总策划、浙江教育出版社集团总编辑蒋婷女士，从策划到出版，她全程倾注心力，为本书的品质保驾护航，让这部记录之江院士成长之路的作品得以问世。愿此书化作一盏灯，照亮后来者的科学征途，亦让之江院士的精神薪火永传。

本书中史料庞杂，虽经反复校核，疏漏之处在所难免，恳请读者不吝指正，以待再版修订。书中图片由院士本人、杭州高级中学、浙江省科协、中国工程院网站和中国科学院院士文库网站等提供，但部分图片因各种原因未能与著作权人取得联系，请著作权人尽快与我们联系，以便妥善处理相关事宜。此外，经多方努力，编者暂未能与李德生、胡仁宇、沈家骢、许绍燮等院士本人取得联系，望院士及相关人员看到本书后与我们联系并予以指正，以便再版时进行修改与完善。

编　者

2025年5月

图书在版编目（CIP）数据

求是菁华 / 司马一民执行主编. -- 杭州 : 浙江教育出版社, 2025. 5. --（之江院士成长之路 / 徐善衍主编）. -- ISBN 978-7-5722-9823-3

Ⅰ. I25

中国国家版本馆CIP数据核字第2025UB0301号

**之江院士成长之路　求是菁华**

ZHIJIANG YUANSHI CHENGZHANG ZHI LU　QIUSHI JINGHUA

丛书主编　徐善衍
执行主编　司马一民

总 策 划　蒋　婷
营销编辑　滕建红
责任编辑　谢　园
美术编辑　曾国兴
封面设计　数传(上海)企业发展有限公司
责任校对　叶　笛
责任印务　刘　建
出版发行　浙江教育出版社
　　　　　(杭州市环城北路177号　　电话:0571-88902128)
图文制作　杭州兴邦电子印务有限公司
印刷装订　浙江新华印刷技术有限公司
开　　本　787mm×1092mm　1/16
印　　张　17
字　　数　340千字
版　　次　2025年5月第1版
印　　次　2025年5月第1次印刷
标准书号　ISBN 978-7-5722-9823-3
定　　价　98.00元

版权所有　侵权必究